Topos Taschenbücher
Band 232

Waltraud Herbstrith

# Verweilen vor Gott

Mit Teresa von Avila,
Johannes vom Kreuz und
Edith Stein

Topos Taschenbücher

Gekürzte und veränderte Fassung
der 1977 im Herder Verlag, Freiburg,
erschienenen Ausgabe

ISBN 3-7867-1697-8

© 1993 Matthias-Grünewald-Verlag, Mainz
Alle Rechte vorbehalten. 1. Auflage 1993
Reihengestaltung: Harald Schneider-Reckels
und Iris Momtahen
Umschlagfoto: Anneliese Hück
Gesamtherstellung: Clausen & Bosse GmbH, Leck

# Inhalt

## Vorwort

Wir spüren heute, daß neue Wege der Begegnung mit Gott, mit unseren Mitmenschen gefunden werden müssen, wenn wir in einer technisierten Plan- und Leistungsgesellschaft überleben wollen. Einer der neuen Wege, der sich seit mehreren Jahren abzeichnet, ist die Meditation, der sich immer mehr Menschen zuwenden. Um die Verwandlung durch Meditation mühen sich christlich verantwortliche Meditationsleiter. Klemens Tilmann beschrieb Anfang der 70er Jahre die Krise, in der wir sind, sehr nüchtern. In seinem Buch »Die Führung zur Meditation« sagt er: »Daß das Erscheinungsbild der Kirche in der westlichen Welt oder die Lebensweise ihrer Christen deutliche meditative Züge tragen, wird niemand behaupten. Eher besteht die Gefahr, daß westliche Missionare den meditativen Ländern Asiens ein einseitiges und unmeditatives Christentum bringen. Das Leben der kontemplativen Orden dringt wenig in die Gesamtkirche ein.« Wie weit die Kirche die jungen Menschen »wirklich in ihrer Situation erreicht und sie in ein innerliches Leben einführt, sei nur als Frage genannt. Sicher aber sind die Laien weitgehend vernachlässigt. Selbst Exerzitien, die unserer Aufgabe hervorragend dienen können und sollen, sind nicht selten zu Wortüberschüttungen und zur Vermittlung von Willensimpulsen geworden. ... Diese Lage ist äußerst gefährlich in einer Zeit, in der die Menschen mehr und mehr unfähig werden, einen Glauben in sich aufrecht zu erhalten, der vor allem autoritär und gedanklich vermittelt wurde; in der die Menschen nach Wirklichkeit und Erfahrung suchen, Gott ihnen aber bei der Verkümmerung ihrer Tiefenschichten unerfahrbar und damit unwirklich zu werden droht.«[1]

Die heutige Situation hat ihre Wurzeln in der anbrechen-
den Neuzeit, die durch das Auseinanderfallen des bis dahin geläufigen Weltbildes eines neuen Selbstverständnisses
bedurfte. Das neue Selbstverständnis hieß: Der Mensch
wird seiner und Gottes gewiß, indem er nicht nur die
Schöpfung, die ihn umgibt, befragt, sondern bewußt in die
eigene Mitte einkehrt und die Frage an das Geheimnis der
eigenen Existenz richtet. Der Mensch wird weniger als
Bild Gottes, sondern als Partner Gottes gesehen. »Centro«, Mitte, Innerstes, ganz innen – das sind Schlüssel-
worte bei Teresa von Ávila und ihrem Mitarbeiter Johannes vom Kreuz.

Das Problem, das Teresa beschäftigte, war: Wie konnte sie
einem Gott treu sein, ihr ganzes Leben auf ihn bauen,
wenn sie keine Hilfen erhielt, um ihre Identität zu finden.
Teresa fehlten, wie den Frauen ihrer Zeit überhaupt, Schu-
lung und Arbeitsplanung, sachliche Hilfen zur Objekti-
vierung eigener Probleme und psychischer Entwicklung.
Teresa brauchte Menschen, die ähnliche Erfahrungen hatten wie sie, oder zumindest theologisch raten konnten.

Teresa stand im Gärungsprozeß ihrer Zeit. Fähigkeit zur
Selbstanalyse, zur Eigen- und Fremdwahrnehmung, waren Kennzeichen der Menschen des 16. Jahrhunderts. Der
Horizont des ontologisch – seinsmäßig – denkenden Mittelalters wurde durchbrochen vom Nominalismus der
Neuzeit. Luthers »Wie gewinne ich einen gnädigen Gott«
war auch das Existenzproblem Teresas, nur in einem anderen Denk- und Lebensrahmen. Die umwerfenden natur-
wissenschaftlichen Erkenntnisse machten sich im Innern
des Menschen bemerkbar. Ein Mensch, der seine Erde
nicht mehr als Mitte des Kosmos erlebt, sondern als Stäub-
chen im Weltall, bedurfte neuer Weisen der Identifikation,
um mit sich und Gott ins reine zu kommen. Luther fand in
der Übersetzung der Schrift eine neue Welt, mit der er sich

identifizieren konnte. Teresa fand im eigenen Innern, in der Berührung von Person zu Person, einen Ort, den sie als unveräußerlich, als einmalig erfuhr. Sie verglich ihn mit einem Bild ihrer Zeit, mit der Festigkeit einer Burg. Gebet als Leistung vor Gott, als Vorzeigen guten Willens, als Beschwichtigung eines Richters – das genügte Teresa nicht mehr.

Das Wort »Kontemplation«, Beschauung, das Teresa häufig gebraucht, ist heute fremd geworden. Offiziell kommt es eigentlich nur noch in der Bezeichnung »kontemplative Orden« vor. Das Phänomen Taizé hat sicher etwas mit Kontemplation zu tun. »Kampf und Kontemplation« ist der Titel eines Buches von Roger Schutz. Häufiger spricht man aber von Meditation. Die Erfahrung, die gesucht wird, scheint mir ein Wesensmerkmal dessen zu enthalten, was bisher mit Kontemplation gemeint war: inneres Betroffensein von Wirklichkeit, von Transzendenz, von Liebe. Thomas von Aquin nennt Kontemplation »ein spontanes Erfassen der Wahrheit«. Kontemplation = Schauen bedeutete schon immer »erfahren, Kommunikation aufnehmen« (A. Gerken). Christlich gesprochen heißt das: Angerührt werden von einer Person, die in Jesus von Nazaret offenbar wurde und uns dennoch – als Gott – unendlich übersteigt. In diesem Angerührtwerden kann Verwandlung geschehen, Weltveränderung.

Der Trappist Thomas Merton griff bereits vor Jahren dieses Problem auf, als er den kontemplativen Gemeinschaften zu neuer Offenheit gegenüber dem »Zeitgeist« verhelfen wollte. »Die Menschen suchen heute«, schrieb er, »nicht so sehr die organisierte, vorgekaute Routine von Konferenzen und Übungen, sondern eine Gelegenheit, still zu sein, nachzudenken und in ungezwungenen, spontanen, freundschaftlichen Begegnungen die sie bewegenden Dinge zu besprechen... Heutzutage (ist) das

Interesse an der Kontemplation unter Nichtchristen und sogar Nichtgläubigen weitaus größer... als unter den üblichen Christen. Kontemplative Kommunitäten sollten entdecken, daß sie diesen Menschen, die eine geistliche Einheit suchen, aber generell tödlich gelangweilt werden von Predigern und völlig taub sind gegenüber christlichen Apologeten, eine Menge zu sagen haben. Die einzigen christlichen Gemeinschaften, die für diese Menschen noch immer einige Bedeutung behalten haben, sind kontemplative Kommunitäten.«[2]

Der heutige Mensch, vor allem die Jugend, kann der Botschaft Christi nicht allein geöffnet werden durch Lehre und soziale Hilfe. Im Wesen des geistlichen Vermittlers selbst muß etwas aufstrahlen, was Gottes Nähe erfahrbar macht, was nicht durch Worte oder Hilfeleistungen, sondern durch *Sein* Angst nimmt, Sorge aufhebt, Hemmungen abbaut und dadurch den andern Geborgenheit schenkt.

Ein indischer Bischof berichtete auf einer Tagung, die sich mit der Begegnung der Religionen beschäftigte: In einer Schule von tausend Nichtkatholiken habe er sechzig katholische Jungen betreut. Sie hatten Vertrauen zu ihm und besprachen mit ihm ihre praktischen und moralischen Probleme. Aber dreizehn der katholischen Jungen, die ihn am meisten geschätzt hatten, gingen zu einem frommen Hindu, um – »wie sie sich ausdrückten – bei Gott zu sitzen.«[3]

Dieses bei Gott Verweilen ist nicht nur eine Erfahrung in den östlichen Religionen, die christliche Mystik kennt sie ebenso, denken wir an Meister Eckehart, Tauler, Seuse und andere.

Die spanischen Mystiker, vor allem Teresa von Ávila und Johannes vom Kreuz, verstanden unter dem Begriff *meditación* diskursives Nachdenken, das langsam vom

Schauen, vom ruhigen Verweilen (*contemplación* – Beschauung) abgelöst werden soll. Ignatius von Loyola unterschied zwischen Meditieren als Erörtern und besinnliches Tiefer-Eindringen und Betrachten als Verweilen. Später verwandte man für das Überdenken von Glaubenswahrheiten den Begriff »Betrachtung«, der man die erworbene und eingegossene Beschauung (Kontemplation) gegenüberstellte. Heute verstehen wir unter Meditation, besonders unter dem Einfluß des Ostens, stärker das stille, wortlose Verweilen.

Die folgenden Ausführungen kommen aus einer christlich-meditativen Tradition. Der kontemplative Orden des Karmel ist nach dem Berg Karmel in Israel genannt, wo er seine Wurzeln hat. Teresa von Ávila, Johannes vom Kreuz und Edith Stein lebten in ihm. Bei aller Verschiedenheit der Nationalität und spirituellen Formung waren sie geistige Bewohner/innen des Karmel. Sie sahen die Notwendigkeit einer tiefen, verwandelnden Meditation der Heilsgeheimnisse Christi und lebten in ihr.

Der heutige Mensch bedarf weniger der Lehre als der Praxis des Lebensvollzugs. Soll Gott ihm nicht zur Chiffre, zum Niemandsland werden, muß er wieder lernen, vor ihm zu verweilen. Bei den Gestalten des Karmel findet er erfahrene Begleiter/innen auf seinem Weg in diese göttliche Nähe.

*Waltraud Herbstrith*
Edith-Stein-Karmel, Tübingen
9. 8. 1992 – am 50. Todestag Edith Steins

Erster Teil

# Geistliches Leben mitten in der Welt

# 1. Zur Einführung

Kontemplativ, spirituell oder, wie man heute sagt, meditativ in allen Weltbezügen leben, heißt für den Christen, nicht statisch ein ewiges Gut, eine Gottheit betrachten und anschauen, sondern sich in Jesus Christus auf eine Person einlassen. Dies hat zur Folge, daß wir unsere personalen Beziehungen immer neu auf Christus hin überprüfen müssen.

In einem statischen Denken befangen, hat man die Berufung zur Kontemplation oft in Gegensatz gebracht zu einer Berufung zu bloß ›äußerer‹ Aktivität, und man hat das kontemplative Leben, besonders in den Klöstern, scharf abgehoben vom sogenannten tätigen Leben. Vielfach berief man sich dabei auf die Perikope von Maria und Marta im Lukasevangelium (10,38–42), wo Jesus Maria gelobt, Marta getadelt habe. Thomas von Aquin, Meister Eckehart, Teresa von Ávila[1] und andere Autoren teilten diese Exegese nicht. Sie fanden, daß das vollkommene christliche Leben sich in einer harmonischen Einheit von kontemplativem und aktivem Tun auswirke. Auch ist zu bedenken, daß griechische asketische Schriftsteller wie etwa Evagrius, Maximus der Bekenner, wenn sie Begriffe wie ›aktives Leben‹ und ›kontemplatives Leben‹ gebrauchen, unter ›aktivem Leben‹ nicht ein Leben des direkten Dienstes, also Predigen, Lehren, soziale Arbeit und ähnliches verstanden, sondern den inneren Kampf, das Bezwingen der Leidenschaften und den Erwerb von Tugenden. Diese Aufgabe ist sogenannten kontemplativen Orden, also Gemeinschaften, bei denen das innere, meditative Beten einen bevorzugten Platz einnimmt, ebenso gestellt wie Frauen und Männern in weltlichen Berufen.[2]

Man hört heute oft die Frage, was dem Christen eigentlich zu einem verantwortlichen, engagierten Christsein verhelfe: das Geistliche oder das Nur-Menschliche. Dazu ist zu sagen: Was Christsein immer ermöglicht, ist die Orientierung am Menschen Jesus Christus und das Sich-Durchdringenlassen von seinem heiligen Geist. Oft ist das Nur-Menschliche christlicher als das, was sich betont christlich gibt, wenn nämlich das Menschliche dem Tun Jesu nähersteht. Gott kann uns in allen Zeitströmungen nahe sein, unsere Aufgabe ist es, ihre Nähe oder Ferne zum Auftrag Christi jeweils zu prüfen.

Die Frage: Muß das Christliche immer alle Lebensbezüge bewußt durchformen?, sollte radikaler gestellt werden: Muß nicht für den Christen Jesus, der Herr, der alles Durchformende sein?

Unsere Zeit krankt an mangelnden menschlichen Beziehungen und Funktionalismus. Es kommt vor allem darauf an, funktions- und sachgerecht zu handeln. Beherrscht diese Forderung jedoch die personalen Bedürfnisse des Menschen, macht sie ihn unfähig, in personalen Kategorien zu denken, dann verfälscht sie sein Menschsein.

Unser Bewußtsein hat sich verändert. Man spricht von einer neuen Bewußtseinslage. Wir könnten nicht mehr so naiv wie frühere Generationen von Gott reden. In der Herausforderung, die der Atheismus für uns bedeutet – seine Argumente sind vielfach auch die unsrigen –, müssen wir in unserem geistlichen Leben oft bei dem beginnen, was Therese von Lisieux am Ende ihres kurzen Lebens stellvertretend erfuhr: beim Gefühl der Gottverlassenheit, der seelischen Langeweile, der inneren Finsternis. Man kann aber auch die sog. ›Abwesenheit Gottes‹ zu sehr betonen und es interessant finden, nicht glauben zu können. Dabei scheut man nur die Anstrengung, sich auf das Bewußtmachen der Nähe Gottes einzustellen. Auch in innerer Dunkelheit und Not kann sich Gott dem Hörenden, Sichsehnenden, Betenden bezeugen.

Der Jünger Christi kann sein apostolisches Tun nur glaubwürdig einsetzen, wenn man spürt, daß es von einer personalen Begegnung mit Gott getragen ist. Was sollte er sonst in seinem Tun bezeugen? Denn in der menschlichen Liebe, in der Tapferkeit der Lebensbewältigung und Duldsamkeit andern gegenüber sind uns oft Nichtchristen voraus. Schillebeeckx sagt, auch der Ungläubige lebe, ohne es zu wissen, von Gott, wenn auch ohne Religion.[3]

Früher schätzte man oft Gebet höher ein als Arbeit und glaubte daher, die Arbeit unbedingt »zum Gebet« machen zu müssen. Heute fällt man in das andere Extrem, indem man behauptet, Menschlichkeit und gewissenhaftes Arbeiten genügten, um Christ zu sein; Gebet sei nur Zeitverlust, Träumerei. Dabei übersieht man, wie die Probleme der Freizeitgestaltung auf uns zukommen und daß ein Maß an Muße immer notwendiger wird.

Wie Beten oder Meditieren keine sittliche Haltung ist, so kann man auch nicht Arbeit einfach mit Gebet gleichsetzen. Man spricht heute von einer »Rehabilitation der Materie« (Krasinsky), ähnlich könnte man von einer Rehabilitation der Arbeit reden.

Beten heißt, antworten auf einen Ruf, der an uns ergeht. Dazu bedarf es oft der Stille, um den Ruf nicht zu überhören. Beten kann Sprechen, Anschauen, wortloses Verweilen, Sich-Hingeben sein. Arbeiten ist ein Tun, das hingebend und liebend vor und in Gott vollzogen werden kann. Wichtig ist für unser Menschsein, daß wir unsere Arbeit in personaler Freiheit – die uns besonders im Beten bewußt wird – nicht als Sklaven einer sinnlosen Weltordnung verrichten.

Das Verlangen, Arbeit und Gebet, Meditation und Apostolat in Einheit zu bringen, kann nur gelingen, wenn wir lernen, unser Tun aus einer personalen Mitte hervorgehen zu lassen. Dazu brauchen wir Einübung: Einübung in das Gebet sowie Einübung in sachgerechtes Arbeiten. Wir können bei der Arbeit nicht immer bewußt an Gott denken oder Gebete sprechen. Aber bei aller Sachbezogenheit und Eigengesetzlichkeit der Arbeit können wir sie in der Hingabe an ein Du vollziehen.

Bei der Einübung in das Gebet kommt noch etwas Entscheidendes hinzu. Das Sprechen vom Du Gottes, vom personalen Gegenüber Jesu, macht uns noch nicht fähig, selbst personal zu handeln. Nimmt man auf gewisse psychologische Gesetze keine Rücksicht, wird schwer eine Einheit von Empfangen und Tun gelingen. Der Mensch kann sich nicht gleichzeitig auf zwei Personen intensiv einlassen, entweder wird er – psychologisch gesprochen – den Nächsten oder Gott vernachlässigen. Um dem Nächsten wirklich in personaler Liebe begegnen zu können, muß man auch fähig sein, mit Gott in der Stille umgehen zu können, sich besondere Zeiten einzuräumen, in denen man auch gerne mit ihm allein ist.

Man findet es selbstverständlich, wenn Freunde sich außerhalb ihres Arbeitsbereichs Gelegenheiten schaffen, in denen sie füreinander Zeit haben. Ohne diese ›Zeit füreinander‹ würde die Begegnung mit dem Mitmenschen – aber genauso auch mit Gott – verkümmern. Wenn wir der Auffassung sind, Gott sei im stillen, persönlichen Meditieren und Beten nicht anzutreffen, finden wir ihn auch nicht im Nächsten. Dieser Gott wäre ein Phantom. Nur der Gott existiert, den ich auch in der Stille, in der Freiheit meiner ganz persönlichen Begegnung, antreffe.

Einheit von Beten und Arbeiten, von Meditation und apostolischem Tun, verlangt nach einer persönlichen Rückbindung an Jesus Christus. Theologische Forschung ohne aufmerksames Hören, was der Geist uns sagt, wäre

Gedankengeräusch. Liturgische Feier ohne die Fähigkeit, schweigend vor Gott innezuhalten, würde zum Schauspiel. Arbeit ohne ein Bezogensein auf ein Du wäre sinnloser Kreislauf. In allem, was der Mensch tut, sollte er ein von innen her Betroffener, ein vom Geiste Jesu Verwandelter sein.

## 2. Meditation – was ist das?

*Grundfragen*

Aus der Fragestellung dieses Kapitels ist zu erkennen, daß in unserer meditationshungrigen Zeit Verschiedenes unter dem Begriff Meditation verstanden werden kann. Der Begriff Meditation ist nicht ohne weiteres für alle klar, einige fühlen sich sogar durch ihn verunsichert. Manche sehen in Meditation einen Rivalen für echtes christliches Beten, ohne zu wissen, daß christliches Gebet ohne Meditation nicht möglich ist. Aber greifen wir nicht vor, sondern stellen wir erst die Gegenfrage: Was wäre unser menschliches Dasein ohne Meditation? Daraus können wir indirekt entnehmen, was Meditation im tiefsten bedeutet, womit jedoch nicht gesagt ist, daß wir alles, was Meditation ist, schon verstanden hätten.

Was wäre zum Beispiel unser Alltag ohne Meditation? Er gliche einer abgeschnittenen Blume, die auch in bereitgestelltem Wasser nur noch eine kurze Lebensdauer hat. Was wäre die Zuneigung zwischen Mann und Frau ohne Meditation? Die Unfähigkeit, eine bleibende Lebensgemeinschaft zu stiften, Raum zu geben für Treue, Hingabe, Standhalten in Krisensituationen. Was wäre Freundschaft ohne Meditation? Ein gegenseitiges Sich-Ausnützen, Sich-am-andern-bereichern-Wollen, ohne das Vermögen, den andern er selbst sein zu lassen, auf ihn zu hören und, wenn nötig, Frustration zu ertragen.

Was wäre Wissenschaft ohne Meditation? Ein bloß rationales Denken, abgeschnitten von der Tiefe des Bewußtseins, unfähig, den Menschen in eine größere Tiefe und Reife zu führen. Was wäre Technik ohne Meditation? Die Manipulation des Menschen durch die Erfindungen seines eigenen Geistes. Das Unvermögen, Maschinen und Raketen zu lenken sowie die tödliche Bedrohung, von ihnen beherrscht zu werden. Was wäre christliches Leben ohne Meditation? Ein Heruntersagen von Gebeten, ein Sich-Bewegen in Gesetzen und moralischen Formen, die den Menschen nicht frei machen, sondern unlustig, verkrampft, verkümmert, den Ungläubigen ein Ärgernis. Was wäre das Leben von Männern und Frauen, die um ihres Glaubens willen auf die Ehe verzichten, um darzutun, daß Gottes unsichtbare Wirklichkeit größer ist als der sichtbare irdische Horizont, ohne Meditation? Das Einhalten einer befremdlichen Vorschrift, Verzicht auf wertvolle irdische Güter, ohne andere, tiefere Werte sichtbar und lebbar zu machen.

Aus diesen Gegenfragen lassen sich wichtige Hinweise auf meditatives Verhalten gewinnen. Greifen wir die wichtigsten heraus. Meditation hat etwas zu tun mit Verwurzelung, Beständigkeit, mit Raumgeben, mit Fest-zu-einer-Sache-oder-Person-Stehen. Im meditativen Prozeß lassen wir den uns begegnenden Menschen er selbst sein, wir hören auf ihn und werden fähig, ihn als Du zu erkennen. Wir steigen aus einem bloß rationalen Lebensvollzug – man nennt das heute Verkopfung – hinab in die Tiefe unseres

Wesens und werden dadurch offen und reifer. Wir lernen, mit Menschen und Dingen besonnen umzugehen, und handeln sachgemäßer, personaler. In der Meditation erfahren wir mit Paulus, daß wir zur Freiheit berufen sind, aus falschen Zwängen erlöst. Auch Ungläubige können in der Meditation erkennen, daß es etwas jenseits ihrer menschlichen Grenzen gibt. Wieviel mehr sollte ein Christ in der Meditation glaubend und vertrauend einer Transzendenz innewerden, die ihn aus bloß Zeitlich-Vergänglichem herausnimmt, zu der er Vater, Mutter sagen darf. »Wie eine Mutter ihren Sohn tröstet, so tröste ich euch«, lesen wir beim Propheten Jesaja, mehr als 700 Jahre vor Christus (66,13). Und Jesus, in dem sich die Offenbarung Gottes an die Menschheit erfüllt hat, geht mit Gott nicht wie mit einem Richter oder erhabenen Herrn um, sondern er nennt ihn »guter Vater«, »Abba – Väterchen«.

Meditation heißt demnach: Der Mensch geht bei allem Tun und Leisten von einer Grundhaltung, einer Tiefendimension aus, die seine Lebensbezüge sinnvoll macht. Leider vernachlässigen wir häufig diese Tiefenschicht, decken sie zu, verdrängen sie. Dadurch geraten wir in Gefahr, Sklaven einer nur vordergründigen Wirklichkeit zu werden.

Die einfache und zugleich brennende Frage lautet: Wie werde ich ein meditativer Mensch? Wo finde ich Hilfen? Die Antwort kann nur sein: Meditation muß ich in erster Linie tun. Erst dann fange ich an, von mir selbst frei zu werden, wenn ich mit der Einübung beginne. Hier packt uns Angst. Leben wir nicht den ganzen Tag im Streß? Sind wir nicht froh, am Feierabend, am Wochenende endlich aller Lasten ledig zu sein? Üben klingt nach neuer Arbeit, nach neuer Beanspruchung.

Warum soll es uns jedoch anders ergehen als den Kirchenlehrern Teresa von Ávila und Johannes vom Kreuz? Beide kannten die Angst vor der Stille, die Langeweile bei der Übung. Teresa mehr als Johannes. Aber sie haben erkannt und es nicht nur einigen Zeitgenossen, sondern der ganzen Kirche gesagt, daß Meditation, inneres *Verweilen bei Gott*, der uns mehr liebt, als irgendein Mensch uns lieben kann, nicht Streß, nicht Arbeit ist, sondern Freude, inneres Wachsein, Ent-Spannung von falscher Spannung. Beide Kirchenlehrer, und nicht nur sie, sondern die lükkenlose Gebetstradition der Kirche haben gezeigt, daß wir der Liebe Gottes nicht inne werden können, wenn wir nicht fähig sind, zeitweise zu schweigen, innerlich still zu werden, um Gott zu danken, daß er da ist, daß wir bei ihm sein dürfen.

Man hört heute oft Klagen über die verwirrte Zeitlage, die schlechte Welt, in der wir leben, die sinkenden Zahlen der Kirchenbesucher, die neue, areligiöse Bewußtseinslage der Jugend. Diese pessimistischen Stimmen entsprechen nicht der vollen Wirklichkeit. Man kann nämlich ebensogut sagen: Meditation und Vergesellschaftung des Menschen, falsche Nutzung der Technik und damit verbundene Isolierung und Gefährdung wecken in uns das Bedürfnis nach Schweigen, Angenommensein, Sinnerhellung. Vor allem bei jungen Menschen macht sich eine verheißungsvolle Wende zum Echten und Tiefen bemerkbar. Ein Seelsorger sagte mir: »Es gelingt mir kaum, bei der Eucharistiefeier nach der Wortverkündigung oder dem Empfang der Kommunion Schweigepausen einzulegen, damit die Gläubigen das Verkündete oder Empfangene auf sich wirken lassen. Die frühere Form des Gottesdienstes als unveränderlicher Gebetsrhythmus, der das Element der Stille zuwenig als Möglichkeit personaler Aneignung beachtete, läßt den Gläubigen oft nur schwer umschalten. Im Gegensatz dazu bitten mich Jugendliche, es fehle ihnen bei der Liturgie an Stille, sie wollten eine eigene Messe gestalten, um diesem Bedürfnis entgegenzukommen.« Christliche Eltern gestehen bekümmert, ihre heranwachsenden Kinder liefen östlichen Gurus und Lehrmeistern nach und hätten kein Interesse am Kirchenbesuch.

Hier stellt sich die Frage: Warum verlieren so viele Jugendliche die Freude am Gottesdienst? Hat man vielleicht ihr meditatives Verlangen zu wenig berücksichtigt, hat man ihnen ein Christentum vorgesetzt, mit dem sie wenig anfangen können? Östliche Lehrer kommen ihrem Wunsch nach Stille und Selbstfindung, nach Angenommensein entgegen, während im christlichen Raum diese wesentlichen Elemente des Menschseins vielfach vernachlässigt werden.

Wie wenig einladend klingen Aussagen wie diese: »Die Gebetszeit darf nicht so lang sein, ich bin berufstätig und brauche eine kurze Messe, in der keine Schweigepausen sind.« Ich frage mich: Was sucht man dann in der Messe? Eine religiöse Vorführung, die uns die Bestätigung gibt, fromm zu sein? Sollten wir in ihr nicht eher einen Anruf hören, der uns drängt, uns verwandeln zu lassen, um das religiöse Geschehen in unser Leben zu integrieren? Wenn die Jugend mit religiösen Praktiken, die personalem Vollzug wenig Raum geben, nicht viel anzufangen weiß, ist das nicht negativ, sondern eher positiv zu werten.

Denken wir an das Phänomen Taizé. Wer immer Taizé besucht, den kleinen Ort in Burgund, der Heimat des heiligen Bernhard von Clairvaux, ist beeindruckt von der Atmosphäre des Heiligen, vom Gebetsklima und der glaubwürdigen Wortverkündigung der Brüder. Sie haben ihr gemeinsames Leben, das eine Wiederentdeckung des Mönchtums innerhalb des Protestantismus darstellt, zur Ehre Gottes begonnen und waren nicht bedacht auf weltweite Publicity. Doch Gottes Wege sind unvorhersehbar. Innerhalb von dreißig Jahren wurde ihr gemeinsames, verborgenes Tun zu einem weithin sichtbaren Zeichen christlicher Einheit und Liebe.

Das ist das Erstaunliche: Junge Menschen verschiedener Konfessionen kommen zusammen, um zu beten. Nicht nur in geformtem liturgischem Gebet, das die Mönche wie alle Mönchsgemeinschaften mehrmals am Tag verrichten, sondern vor allem in schweigendem Beten, im einfachen Dasein vor Gott. Als die kleine romanische Kirche für den Besucherstrom nicht mehr ausreichte, baute man die große Versöhnungskirche, die bereits wieder durch ein Zelt erweitert werden mußte. Fragt man die Besucher, wie denn in dieser Kirche außerhalb der offiziellen Gebetszeiten gebetet wird, hört man übereinstimmend: es herrscht Schweigen. Mit Schriftbändern zeigen die Jugendlichen an, daß in der Kirche eine Zone schweigender Anbetung ist, die jeder respektieren soll. Fragt man ferner, in welcher Form sich dieses Schweigen vollzieht, hört man: Tag und Nacht ist die Kirche geöffnet. Jeder verhält sich so, wie es für sein Beten am besten ist: man sitzt, kniet oder liegt. Die einzige Übereinkunft, die ohne Zwang und Aufwand von Vorschriften eingehalten wird, ist das schweigende Verweilen vor und in Gott.

*Elemente der Einübung*

Drei Elemente sind zur Verwirklichung von Meditation wichtig:
a) Eine bestimmte Zeit der Einübung,
b) Stille,
c) Hinwendung zum Du Gottes.

## a) Eine bestimmte Zeit der Einübung

Nach ihrem Eintritt in den Karmel sagte Edith Stein, als sie im monastischen Tagesablauf zwei Meditationsstunden vorfand, dies habe ihr in ihrem bisherigen Leben gefehlt. »So sehr ich das Offizium liebe«, schrieb sie in einem Brief, »und so ungern ich dem Chorgebet, auch bei der kleinsten Hore, fernbleibe – die Grundlage unseres Lebens sind doch die zwei Stunden Betrachtung, die wir in unserer Tagesordnung haben. Seit ich diese Wohltat genieße, weiß ich erst, wie sehr sie mir draußen gefehlt hat.«[4]

Diese Wohltat darf nicht nur Vorrecht von Menschen im Kloster sein. Viele erkennen heute in einem ganz unklösterlichen Alltag, daß Meditation ein dringendes Bedürfnis ist, dem sie regelmäßig Zeit widmen müssen. Zu diesen Menschen gehören Berufstätige, Hausfrauen, ältere und junge Leute. Teresa von Ávila war schon im 16. Jahrhundert der Auffassung, daß inneres, personales Umgehen mit Gott – für Meditation sagte sie inneres Beten, Gebet der Sammlung, Beschauung – nicht nur Menschen im Kloster vorbehalten sei. Sie suchte Eheleute und Gelehrte, Theologen und Geschäftsleute für die Meditation zu gewinnen. Sie war der Überzeugung, daß kein Menschenleben ohne die Kraft der Meditation, der Selbstbesinnung und Einkehr in die Tiefe auskommen kann.

Das Problem war immer und ist es heute besonders: Wie schaffe ich mir die notwendige Zeit zur Sammlung? Bei aller Erkenntnis über den Wert der Meditation ist dies oft ein hartes Unterfangen. Weil es nicht gelingen will, gerät man ins andere Extrem und behauptet: Eine Mutter, die sich ihren Kindern widmet, ein Vater, der sich in seinem Beruf für die Familie opfert, täten genug; noch eine bestimmte Zeit für Meditation im Tagesablauf einzulegen, sei Luxus, etwas für Experten geistlichen Lebens, für Priester und Ordensleute. Solch eine Auffassung war noch nie richtig und stimmt auch heute nicht. Auch die Mutter, die ihre Kinder betreut, auch die berufstätigen Männer und Frauen, die sich den Anforderungen ihres Arbeitsplatzes stellen müssen, brauchen Zeiten für sich, für sich ganz allein. Der in London lebende orthodoxe Metropolit Anthony Bloom erzählte von seinem Vater, dieser habe täglich, zu einer bestimmten Zeit, einen Zettel an seine Zimmertür geheftet mit dem Hinweis: »Auch wenn ich jetzt da bin, bin ich eine halbe Stunde lang doch nicht zu sprechen. Auch Telefonanrufe empfange ich nicht.« Diese halbe Stunde Stille und Einkehr war für ihn eine dringend notwendige Atempause, um bei aller Arbeitsbelastung und Fürsorge für seine Familie, Mensch und Christ bleiben zu können.

Es gehört zu unserem menschlichen Dasein, daß wir gewisser Einübungen bedürfen, um in die Tiefe unseres Herzens, unseres Bewußtseins vorzudringen. Sonst bleiben wir nur an der Oberfläche, gehetzt, zerstreut, vielleicht gute ArbeiterInnen, aber wenig aufmerksam für den Nächsten. Wir können nichts für den andern bedeuten, wenn wir nur halb anwesend sind, wenn wir nie den Mut haben, in der Stille, im Schweigen vor uns selbst, vor Gott ganz wir selbst zu sein. Warum haben wir Angst vor diesem Schweigen? Warum sagen wir ständig, wir hätten keine Zeit für eine halbe Stunde Stille, während wir soviel Zeit verschwätzen oder irgendwie müßig verbringen? Es gehört zu unserer menschlichen Entfaltung, daß wir für wichtige persönliche Dinge Zeiten bestimmen. Jeden Morgen frühstücken wir zur gleichen Zeit. Im allgemeinen halten wir uns an dieselbe Zeit für das Mittagsmahl oder die Nachmittagspause. Abends freuen wir uns – wieder zur gleichen Zeit – auf das Gespräch mit der Familie, mit

Freunden. Sicher ist nicht das Essen, das körperliche Auftanken das Ausschlaggebende bei diesen Unterbrechungen des Alltags, sondern das Verlangen, mit den Menschen, die man liebt, zusammenzusein, ein Wort, ein Erlebnis, einen Kummer mit ihnen zu teilen. Der ganze Mensch ist an diesen Pausen beteiligt.

Ebenso ist es in der Meditation, im Verweilen vor Gott, im Hinhören auf ihn. Beten heißt nicht in erster Linie, Gott etwas vorreden, schöne Redewendungen gebrauchen, am Sonntag in der Kirche eine Stunde mitsingen. Beten heißt, in sich das Verlangen wecken, bei Gott zu sein wie bei einem Menschen, denn Gott ist Mensch geworden in Jesus Christus. Gott hat uns gezeigt, daß er ein Herz für uns hat, daß er uns liebt. Wir dürfen unser Beten nicht nur der Spontaneität, der persönlichen Gefühlslage überlassen. Eine Frau sagte mir: »Das Vaterunser könnte ich nicht jeden Tag beten, oft bin ich gar nicht zum Beten aufgelegt. Nur wenn ich wirklich einmal von Gott ergriffen bin, kann ich auch das Vaterunser beten.« Es ist sicher schön, das Gebet Jesu mit innerer Anteilnahme zu beten. Würden wir aber darauf warten, bis wir Gefühle für Gott haben, könnte es vielleicht vorkommen, daß wir sehr lange nicht mehr beten und schließlich dem Glauben ganz entfremdet würden.

Daher ist es wichtig, eine bestimmte Zeit am Tag für die Meditation zu wählen – jeder muß herausfinden, wann es für ihn am besten ist –, damit wir unabhängig werden von unseren Gefühlen oder Nichtgefühlen. Wir können zum Beispiel zu Gott sagen: »Jetzt habe ich eine halbe Stunde Zeit für dich, auch wenn ich nichts Großartiges, nichts Gescheites zu sagen weiß. Ich möchte einfach bei dir sein, dir durch mein Aufmerken, meine Existenz danken, daß du da bist.« Wenn wir regelmäßig eine solche Zeit geduldig, vielleicht ohne große Gefühle verbringen, kann dies für unser Glauben sehr fruchtbar werden. Auch für unsere besten Freunde empfinden wir nicht immer dieselben Gefühle, und doch erweisen wir ihnen täglich Liebe und Verstehen. Denken wir an die Erzählung »Der kleine Prinz« von A. de Saint-Exupéry. Da sagt der Fuchs zum kleinen Prinzen, der ihn unvorhergesehen besuchte: »Es wäre besser gewesen, du wärst zur selben Stunde wiedergekommen. Wenn du zum Beispiel um vier Uhr nachmittags kommst, kann ich um drei Uhr anfangen, glücklich zu sein. Je mehr die Zeit vergeht, um so glücklicher werde ich mich fühlen. Um vier Uhr werde ich mich schon aufregen und beunruhigen; ich werde erfahren, wie teuer das Glück ist. Wenn du aber irgendwann kommst, kann ich nie wissen, wann mein Herz dasein soll... Es muß feste Bräuche geben.«[5]

b) Stille

Oft hört man die Frage: »Warum muß in der Meditation alles so still sein? Gott hat uns als sprechende Wesen erschaffen. Ist es nicht besser, allein oder gemeinsam zu singen, ein Buch zu lesen oder ein Bild anzuschauen? Was soll das: Augenschließen, ganz ruhig dasitzen? Ist das nicht etwas Fernöstliches, im Christentum Unbekanntes?« Wir brauchen nicht nach dem Osten zu blicken, wenn wir den Wert der Stille für unser Beten, für unser Menschsein neu entdecken wollen. Die großen christlichen Mystiker und Heiligen des Abendlandes lehren übereinstimmend: »Der Herr wird für euch streiten, seid ihr nur stille« (Ex 14,14).
Erinnern wir uns an die Propheten, die in der Einsamkeit der Wüste beteten, ehe sie den Menschen predigten. Denken wir an die großen Führer des jüdischen Volkes, an Abraham, Jakob, Mose, die im Schweigen mit Gott rangen

und auf ihn lauschten. Auch Jesus ging nicht nur predigend und Wohltaten spendend durch Israel. Seine Jünger beobachteten, daß er sich oft in die Einsamkeit, in das Schweigen zurückzog, um besser beten zu können. Dieses Verhalten Jesu war um so auffälliger, da er, von einem kürzeren Aufenthalt abgesehen, nicht in der Wüste lebte wie Johannes der Täufer oder die Gemeinde von Qumran. Jesus war kein Mönch, er wohnte mitten unter den Menschen. Trotzdem suchte er immer wieder die Stille, das Alleinsein mit Gott auf.

Warum ist Stille so wichtig? Weil sie wie leerer Ackerboden ist, bereit, die Saat aufzunehmen. Wie sollten Samenkörner gedeihen, fänden sie keinen Grund, keinen Boden, in dem sie wachsen und leben können. Die Fähigkeit, innerlich zu schweigen, die vielen Gedanken und Bilder beiseite zu lassen, gibt uns die richtige Distanz zu Dingen und Menschen. Wir lernen, daß wir über niemand und nichts verfügen können, daß jedes Ding, jeder Mensch sein Eigensein, sein Daseinsrecht hat, dem wir mit Ehrfurcht begegnen müssen. Im inneren Schweigen und Leersein erfahren wir, daß Beten anders ist, als wir gewöhnlich meinen. Beten ist nicht so sehr das Aufsagen eines vorgelegten Textes, es ist vielmehr der Mut mit Gott, mit Jesus Christus ganz persönlich in ein Gespräch zu treten. Wie ein Kind sprechen lernen muß, muß auch der Betende sprechen lernen, indem er Worte der Schrift oder Gebete der Heiligen in sich aufnimmt.

Aber selbst Worte der Schrift oder Gebete anderer können für den Betenden eine Barriere bilden, wenn er nicht wenigstens zeitweise den Mut findet zu radikaler Stille, zu radikalem Schweigen. Wir bringen es fertig, uns auch hinter heiligsten Worten zu verstecken, wie Adam, der von Gott nicht gesehen werden wollte. Oft haben wir Angst vor Gott, ohne es uns einzugestehen. Wir bilden uns ein,

Gott würde uns tadeln, uns unsere Fehler vorhalten. Genau das Gegenteil trifft zu. Je stiller und schweigsamer wir vor Gott werden, je ehrlicher wir vor ihm sind, um so friedvoller – sagen wir es ruhig: um so glücklicher – werden wir. Es gibt Christen, die meinen, man dürfe als Glaubender nicht glücklich sein. Die persönliche Verantwortung, das Leid der Welt, das Kreuz Christi sprächen dagegen. Die meisten heiligen und gotterfüllten Menschen verbreiten jedoch Freude in ihrer Umgebung. Die christliche Botschaft ist nicht eine Botschaft vom Leidcharakter der irdischen Welt, sondern von der alles Leid überwindenden Freude in Gott, von der Auferstehung allen Fleisches in Jesus Christus. Auch wenn im einzelnen Menschen- und Christenleben viel Leid getragen werden muß, das Kriterium echten Christseins ist Freude, die Freude darüber, daß wir ins Dasein gerufen sind, daß wir atmen und leben dürfen, daß wir zur Entwicklung der Welt beitragen können, daß wir von der Sünde erlöst sind. Leid, Ungerechtigkeit, Elend sollen uns nicht bitter machen, nicht pessimistisch; vielmehr haben wir die Aufgabe, körperliches und seelisches Leid unserer Mitmenschen verwandeln zu helfen in Hoffnung auf ewiges, ungetrübtes Leben. Das ist keine Jenseitsvertröstung, sondern die Wahrheit über Jesus Christus und seine Botschaft von Gott. Diese Fülle der Freude wird uns zuteil, wenn wir öfters schweigend, in äußerer und innerer Stille, der Liebe Gottes gedenken, wenn wir zu ihm sagen: »Ich bin glücklich, dein Geschöpf zu sein, ich danke dir dafür, daß ich lebe.«

Stille hat etwas zu tun mit Warten-Können, mit Hoffen, mit Sichsehnen und Bereitsein für andere. Der leere Akkerboden bereitet sich vor, um Ähren und Früchte zu tragen. Doch nicht das ganze Jahr hindurch. Leersein ist für ihn genauso wichtig wie Fruchttragen und Kraft hergeben. Würden wir nie still, nie leer vor Gott, wie der geduldig wartende Acker, dann würden wir auch keine Früchte tragen – oder nur solche, die nicht viel bedeuten, die krank sind. Meditation ist dieses leere, schweigende Zuwarten vor Gott, damit er alles in allem sein kann auf dem Acker unseres Lebens.

## c) Hinwendung zum Du Gottes

Wir haben bei den bisher erörterten Elementen – eine bestimmte Zeit für Meditation wählen, sich in die Stille einüben – das Wort ›Gott‹ oder ›Du‹ gebraucht. Für den Christen müßte es einsichtig sein, daß sein Meditieren, sein inneres Leersein von vielen Gedanken und Bildern nicht ausläuft in eine Leere, die nur ein unbestimmtes Nichts wäre. »Ich weiß, wem ich geglaubt habe«, sagt Paulus (2 Tim 1,12). Das ist die Freude des an Christus Glaubenden, daß er zu Gott ›Du‹ sagen darf wie zu einem Menschen. Das Schweigen der Schöpfungswirklichkeit, das Schweigen zweier Menschen, die einander nahe sind, ist keine angsteinflößende, unheimliche Stille. Im Glauben vertrauen wir, daß wir geliebt sind, daß unsere irdischen Liebeserfahrungen hinweisen auf die alles sammelnde, alles übersteigende Erfahrung der Liebe Gottes. Da aber Gott unendliches Geheimnis ist, da er unser Menschsein begründet und damit zugleich übersteigt, ist unser Du-Sagen zu ihm nicht einfach gleichzusetzen mit dem Du-Sagen unter Menschen.

Einerseits dürfen wir seit Jesus Christus ganz menschlich mit Gott umgehen, andererseits wissen wir, daß Jesus der einzigartige Sohn des Vaters ist, der in seiner Erhöhung unser Menschsein trägt. Daher ist es in der Meditation wichtig, daß wir nicht nur etwas suchen, was wir innerlich oder äußerlich anschauen können. Damit würden wir das Angeschaute nur der Begrenzung unserer Sichtweise unterziehen. Vielmehr sollen wir Gott, dem Ganz-Anderen, Größeren, freie Hand lassen, indem wir in radikaler Stille, in vertrauendem Schweigen ihn den sein lassen, der er ist. Dieses Schweigen, ob wir es Leere oder Fülle, Vertrauen oder Hingabe nennen, wird bei längerer Einübung unsere Begegnung mit Dingen und Menschen verwandeln. Wir werden fähig, die andern sie selbst sein zu lassen, ihnen nicht unsere Ideen aufzuzwingen. Unser Zusammenleben wird menschlicher. »Je mehr der Mensch durch Schweigen zu sich kommt, desto mehr findet er den Weg zum Innern des andern Menschen. Ehepartner, Kollegen, Nachbarn werden uns begreiflicher, wenn wir sie meditieren«, sagt K. Tilmann.

Inneres Schweigen, Fähigkeit zur Stille, zum Hören, Wahrnehmen ist nicht Selbstbespiegelung oder Selbstbetrachtung. Je mehr der Meditierende in die eigene Tiefe dringt, desto stärker findet er hin zur Tiefe des Mitmenschen, zur Geheimnistiefe Gottes. Die viel zitierte Unfähigkeit des modernen Menschen zu glauben, kommt aus seinem Vergessen des Tiefenbewußtseins. Was nützt es dem Christen, die Wahrheit theoretisch, verstandesmäßig zu wissen, aber von ihr nicht in der Tiefe seines Seins getroffen, verwandelt zu werden? Was uns an geistlichen Menschen anrührt, ist ihr Verwandeltsein in der Tiefe. Sie handeln aus einer Mitte, die das, was sie sagen, glaubwürdig macht.

Meditation als betendes Schweigen vor Gott kann so tief gehen, daß wir sehr sparsam mit Worten werden, selbst mit dem Wort ›Du‹. Alfons Rosenberg schreibt: »Was bedeutet eigentlich Schweigen? Ist es nur ein Verstummen, ein willentliches Unterdrücken des Redens... Ist Schweigen nur Verzicht auf die menschlichste aller Gaben, die Sprache? – Nein, echtes Schweigen ist keine Negation, kein Verlust, kein Verzicht, denn es öffnet die Pforte zu einer zwar stets vorhandenen, aber zumeist dem Menschen verborgenen Welt, der Tiefenwelt des Erkennens und Liebens. Im Schweigen holen wir uns zurück aus der Zerstörung, rufen wir unsere in die Welt entlassenen Kräfte zurück in ihren Ursprungsbereich. Wir beginnen im Schweigen jene innere Sammlung, die – wenn sie gelingt – das Erblühen der Stille ermöglicht. Im Schweigen gehen wir den Weg, der nicht nur in die Seelen-, sondern auch in die Welttiefe und endlich in die Tiefe der Gottheit führt.«[6]

Haben wir also keine Angst, uns der Stille auszusetzen. Sind wir froh, wenn in einem Wortgottesdienst, in einer Eucharistiefeier Zeiten der Stille zwischen den Worten stehen. Unsere Worte, sollen sie echt sein, müssen aus der Tiefe aufsteigen und wieder in die Tiefe zurückkehren. Das ist Liturgie, Feier der Heilsgeheimnisse Gottes in unserer Zeit. Ähnliches wie für das Wort gilt auch für den Gesang. Wenn Singen nur Zudecken, Verdrängen von Stille ist, ist es schwerlich Gebet. Auch der jubelndste, stimmgewaltigste Gesang muß aus der Stille unserer Herzen aufsteigen.

Nicht das viele Denken, sondern viel Lieben bringt uns Gott näher, sagt Teresa von Ávila.[7] Sie war nicht glücklich über jene, die überall Gefahren wittern, Angst haben, während der Mensch jederzeit frei ist, sich Gott zu öffnen in stiller, froher Erwartung. Teresa und Johannes vom Kreuz lehren, es sei gut, mit Gott zu sprechen, aber auch gut, mit ihm zu schweigen. Wir müssen nicht beständig das ›Du‹ im Munde führen, um denen, die wir lieben, nahe zu sein. Es gibt ein wortloses Miteinander und Ineinander, das vielleicht das Du des andern am tiefsten erfährt. Es gibt ein gutes Wort des heiligen Paulus. Er spricht vom »Gott, in dem wir uns bewegen, leben und sind« (Apg 17,28). Dieses In-der-Stille-mit-Gott-Vertrautsein, dieses wortlose An-ihm-Hängen schenkt die Meditation.

## 3. Jesus Christus – Mitte der Meditation

Als Christin, als Christ meditieren heißt, sich einer Liebe aussetzen, die in uns und über uns anwesend ist. Diese Liebe hat sich uns gezeigt in Jesus Christus, in seinem Verhältnis zu Gott, den er Vater nannte, und in seiner Wirksamkeit aus dem Geist, den er uns bis ans Ende der Zeit verheißen hat. Jesu Beziehung zum Mitmenschen war von dieser Liebe bestimmt. Sie war für Freund und Feind ein Geheimnis, das sie oft nicht verstanden. Hätte die menschliche Nähe Jesu genügt, seinen Jüngern die Anwesenheit Gottes zu vermitteln, hätten sie nicht die Bitte gestellt: »Herr, lehre uns beten« (Lk 11,1). Die Menschen, die sich um Jesus scharten, hofften, von ihm etwas über Gott, über den Sinn des Lebens zu erfahren. Sie beobachteten, wie er sich Armen und Ausgestoßenen, Weisen und Vornehmen in unerschöpflicher Hingabe widmete; sie sahen, wie er sich zurückzog, um allein zu sein und zu beten. Sie fühlten, hier war eine Gottesbeziehung, die sie nicht kannten, nach der sie sich sehnten. Die Jünger folgten Jesus, weil sie nach Wahrheit verlangten. Doch wie mühsam mußte Jesus ihre irdisch gesinnten Herzen aufbrechen für eine Liebe, die nicht das Ihrige sucht und die in völliger Selbstentäußerung ihre Kraft erweist.

Da das Zusammensein der Jünger mit Jesus nicht genügte, um ihnen eine lebendige Beziehung zu Gott zu erschließen, wies er sie an, ohne Unterlaß zu beten (vgl. Lk 18,1). Jesus verzichtete nicht darauf, die an ihn Glaubenden mit Erfahrungen seiner Gottesnähe zu stärken. Denken wir an die Schau der Jünger auf dem Berge Tabor (Mk 9,2–10 par.), an das Brechen des Brotes mit den Emmausjüngern (Lk 24,13–35).

Tabor und Emmaus zeigen uns, wie Gott mit dem Men-

schen verfährt. Auf der einen Seite Enttäuschung, Nicht-
verstehen, Anfechtung bis zu schweren Zweifeln, auf der
anderen Seite Erfahrungen großer Nähe zu diesem unbe-
greiflichen Gott. Die theologische Aussage der Evangelisten zeigt uns die Spannung von Nähe und Ferne in der
Person Jesu.

Wie Meditation ein inneres Angerührtwerden von Heils-
wirklichkeit ist, Betroffensein von einer Person, so ist Meditation auch der Weg, um den Glaubenden das Christus-
geheimnis aufscheinen zu lassen. Die Jünger, die auf Jesus
trafen, beteten im Tempel, sangen Loblieder und betrach-
teten Texte der Schrift. Aber ihre Herzen sehnten sich
nach mehr. In Jesus von Nazaret spürten sie eine Kraft,
eine Stille und Intensität des Betens, daß sie um Unterwei-
sung baten. Jesus gab keine eigentliche Anleitung zum Gebet. Über sein Gespräch mit dem Vater wissen wir nichts
als einige Bruchstücke.

Jesus meditierte. Er ruhte im Geheimnis des Vaters, die
ganze Schöpfung war für ihn transparent für die Güte des
Schöpfers. Dies kommt in seiner Fähigkeit zur naturalen
Meditation, in seinen Gleichnissen zum Ausdruck. Denken wir an die Bilder vom Sämann, vom Hirten, an die
Lilien des Feldes, an das Samenkorn, das treibt, wächst
und Frucht bringt. Erinnern wir uns an die Vögel des
Himmels, an die Sperlinge auf dem Dach und die Haare
auf dem Haupt des Menschen, die gezählt sind. Im
Schauen Jesu waren Innen und Außen eins. Was Einheit
schuf, war nicht nur ein Zusammenschwingen kosmischer
Kräfte, sondern die persönliche Liebe des Betrachtenden,
die sich allem, auch dem Kleinsten und Unbedeutendsten
zuwandte.

Die Stille der Meditation läßt uns in der Nachfolge Jesu
Raum schaffen zu personaler Begegnung. Der Meditierende verweilt, lernt warten, läßt zu, nimmt das Seiende

an, läßt durch sein Schweigen anderes sprechen, lernt hören und aufmerken. Meditation ist aber nicht nur Raum der Ermöglichung von Liebe, Seinsfühlung, Du-Findung, sie ist dies alles schon selbst. Für den Glaubenden gibt es keine Trennung zwischen Vorhof und Innenhof. Dem, der von Christus betroffen ist und im Schweigen verharrt, ohne sich viele Gedanken zu machen oder Worte zu formen, ist Gott in jedem Augenblick seiner Übung oder Nichtübung, seines Schweigens oder seines Tätigseins, in Licht oder Dunkel nahe.

Methodisch sagen der spanische Mystiker Johannes vom Kreuz und die Meister des Ostens dasselbe, wenn sie dem Menschen bewußt machen, daß ihn zweierlei daran hindert, die Wahrheit zu schauen: vordergründiges Denken und Mangel an innerem Wachsein. Christus wies uns das Gehen eines mühsamen Weges zu. Er sagte nicht: im Gefühl des Glücks seid ihr Gott näher als im dunklen Vertrauen. Teresa von Ávila und Therese von Lisieux wußten, wie sehr der Mensch in seinen geistlichen Erfahrungen von Stimmungen, von seiner leiblichen Befindlichkeit abhängig ist.

Als man einem Meister des Ostens die Frage stellte, wodurch er bekannt geworden sei und warum so viele Menschen zu ihm kämen, erwiderte er: »In den ersten zwanzig Jahren war ich der Welt völlig unbekannt. Ich habe Zazen geübt im Dunkeln und in Armut; ich hatte kaum genug zu essen. Doch gerade durch Zen war ich imstande, den Sinn meines eigenen Lebens selbst unter solchen Umständen zu finden.«[8]

Für den Christen ist jede meditative Einübung auf Christus bezogen. Diese Beziehung kann bei allen Formen der Meditation nicht ohne Schweigen gelingen, nicht ohne zeitweiliges Zurückstellen eigener Gedanken. Ob wir in einer Bildmeditation das Geschaute still auf uns wirken lassen, ob wir in einer Gesprächsmeditation auf den andern lauschen, ihm in Schweigepausen Zeit und Raum lassen zu seiner eigenen Aussage, ob wir in einer Musik- oder Wortmeditation uns vom Gehörten oder Gesagten betreffen lassen oder in strenger Sitzhaltung innerlich schweigen: immer müssen Stille, Schweigen in Wechselbeziehung stehen zur Aussage, zum Wort, zur Gestaltung. Nur wenn die Gestalt etwas von der schöpferischen Stille, aus der sie aufsteigt, an sich trägt, führt sie den Menschen zu sich selbst, zum Du, zu Gott.

**Zweiter Teil**

# Orientierung an geistlichen Menschen

# I. Teresa von Ávila

## 1. Persönlichkeit

Teresa von Ávila spricht den Menschen unserer Zeit in vieler Hinsicht an. Sie war selbständig, liebenswürdig, einsatzbereit, von Glaubenskraft erfüllt und doch ganz in der Welt stehend, menschlich, mitfühlend. Dazu kam eine große Sensibilität, ein inneres Gespür für die Probleme ihrer Zeit. Teresa war ein Mensch, der sich unaufhörlich durch Lektüre und Gespräche mit Gelehrten weiterbildete. Sie hinterfragte die vordergründige Wirklichkeit des Sippendenkens, die Unternehmungslust der Conquistadoren, die oft auf Blut und Tränen ihre Reiche in der Neuen Welt gründeten. Teresa überließ das Denken nicht den Männern, sondern überlegte ebenbürtig mit. Sie fühlte sich in ihrem Kloster mit 150 Schwestern wohl, hatte alles, was sie brauchte – ein bequemes, geachtetes Leben, Kontakt mit interessanten Menschen.

Aber auch diese klösterliche Lebenswirklichkeit wurde von ihr hinterfragt. Teresa verglich ihr Leben mit den Ansprüchen des Evangeliums, der Heiligen, und sie fand, daß es ihnen nicht entsprach. Sie war kränklich, aber ihr wacher Geist riß den schwachen Körper mit. Sie trennte sich von manchem Ballast, der sich im Laufe der Zeit im klösterlichen Leben angesammelt hatte. Zur Bestürzung ihrer Mitschwestern und ihrer Ordensobern gründete sie ein neues, kleines, sehr armes Kloster. Nur der Bischof und einige Freunde standen ihr bei. Mit Mühe rettete ein gelehrter, frommer Dominikaner ihre Neugründung vor dem Zorn des Stadtrats in Ávila. Gab es nicht genug arme und hilfsbedürftige Nonnen im Spanien des 16. Jahrhunderts? Mußte diese Teresa de Ahumada freiwillig ein noch ärmeres Kloster gründen? Die Reform des bisherigen Karmelordens war jedoch nur ein Aspekt von Teresas Auftrag. Die innere Ausstrahlung ihrer Sendung ging weit über das Klosterleben hinaus.

Teresas Selbständigkeit, ihr inneres Wachsein zeigten sich in der Regelung der Angelegenheiten ihrer Neugründung. Sie, die einen strengen Klausurorden stiftete, war trotz ihrer schlechten Gesundheit bei der Errichtung ihrer siebzehn Klöster viel unterwegs auf Landstraßen, in unbequemen Ochsenkarren. Diese Reisen waren für eine Frau der damaligen Zeit etwas Ungewohntes. Teresa mußte viel einstecken und Klagen über sich ergehen lassen. Der päpstliche Nuntius Sega sagte von ihr: »Teresa ist ein unruhiges Frauenzimmer, sie streunt herum, ist ungehorsam und verstockt. Unter dem Schein der Frömmigkeit denkt sie falsche Lehren aus. Entgegen den Anordnungen des Konzils (von Trient) und ihrer Ordensobern verletzt sie die Klausur. Sie doziert wie ein Theologieprofessor, obgleich der heilige Paulus sagt, daß die Frauen nicht lehren dürfen.«[1]

Teresa ließ sich nicht einschüchtern. Sie interpretierte Paulus mit ihrem gesunden Menschenverstand. »Als ich einst darüber nachdachte«, schreibt sie, »ob jene nicht recht hätten, die sich über meine Stiftungsreisen ärgerten und meinten, ich sollte mich besser nur mit Beten beschäftigen, hörte ich die Worte: ›Sorge dich in diesem Leben nicht darum, mehr zu genießen, sondern darum, meinen Willen zu erfüllen.‹ Auch dachte ich an den heiligen Paulus, der von der Zurückgezogenheit der Frau spricht. Das hatte man mir schon oft gesagt, ehe ich es selbst gelesen hatte, und ich fragte mich, ob dies der Wille Gottes sei. Da sprach der Herr zu mir: ›Sage ihnen, sie sollten nicht nur

einer Schriftstelle folgen, sondern auch die andern überdenken, ob sie mir dann noch die Hände binden können‹.«[2]

Teresa ließ sich die Hände nicht binden. Immer wieder
fand sie Freunde, Männer und Frauen, die sie – nach an-
fänglichem Mißtrauen – für die Sache Gottes gewann.
Selbst den Provinzial, den sie bei ihrer ersten Klostergrün-
dung umgangen hatte und der sie vor ein klösterliches
Gerichtskapitel zitierte, entwaffnete sie mit ihrer Liebens-
würdigkeit, ihrem scharfen Verstand und ihrer Demut.
Demut war für Teresa Liebe zur Wahrheit.´

Obwohl man der Frau die Fähigkeit absprach, einen Rat
zu erteilen, war Teresa der Auffassung, daß Frauen durchaus sachgemäß urteilen können. Gleichwohl litt sie unter
der Geringschätzung der Frau. Die Inquisition hatte sich
zwar bemüht, alle anstößigen Stellen aus ihren Schriften
zu entfernen, aber späteren Gelehrten gelang es, den Sinn
zerstörter Texte wiederherzustellen. So hatte sie in ihrem
Buch »Weg der Vollkommenheit« geschrieben: »Gott, du
bist nicht undankbar, und ich bin gewiß, daß du das Fle-
hen der Frauen erhörst. Als du hier auf Erden warst, hast
du die Frauen nicht verachtet, sondern mit großer Güte
umgeben. Bei ihnen hast du mehr Liebe und lebendigen
Glauben gefunden als bei den Männern… Ist es nicht genug, daß die Welt uns hier einpfercht? Wir können nichts
für dich in der Öffentlichkeit tun, noch der Welt ihr Un-
recht vorhalten… Herr, du bist ein gerechter Richter und
nicht wie die Richter dieser Welt, die alle Söhne Adams
und Männer sind. Es gibt keine Tugend der Frau, die sie
nicht mit Mißtrauen betrachten. Aber, es wird der Tag
kommen, an dem sie uns alle erkennen werden. Ich spre-
che nicht für mich. Die Welt kennt mein Elend, und ich
bin zufrieden, daß sie es kennt. Betrachte ich aber unsere
Zeit, dann finde ich es nicht richtig, daß man starke und

hochgemute Herzen nur deshalb verachtet, weil es Frauen sind.«[3] Trotz großer äußerer Einschränkungen mühte sich Teresa, für sich und die Menschen ihrer Zeit die Antwort zu finden, deren sie bedurften.

Woher schöpfte Teresa die Kraft zu ihrer Selbständigkeit, ihrer Identität? Woher fand sie den Mut, auch unter Druck und Bedrängnis die Wahrheit zu sagen? In heutiger Sprache würden wir antworten: weil sie täglich meditierte, weil sie sich in das Geheimnis Gottes versenkte. Teresa erkannte, daß der Mensch in dem Maße er selbst wird, in dem er sich in Freiheit einem andern, einem Du hingibt. Ihr ganzes Leben kreiste um dieses Du Gottes. Der Prozeß der Selbstwerdung fiel ihr nicht leicht. Wir wissen, daß Teresa nicht »fromm« auf die Welt kam. Sie lebte zwar in einer religiös orientierten Familie, aber ihre Lebenslust, ihr Ehrgefühl hätten sie auch andere Wege führen können. Ehe sie wußte, was Gebet, persönliches Sprechen mit Gott ist, dachte sie über Gesehenes und Gehörtes nach, versuchte sie zu erfassen, was Worte wie ›Ewigkeit‹, ›unendlich‹ bedeuten. Man hatte ihr gesagt, Gott existiere für immer und der Mensch gehe nach seinem Tode in die Unendlichkeit Gottes ein. Das war ihre erste Erfahrung von Transzendenz. Das Streben nach dieser Unendlichkeit faszinierte sie so, daß sie als Siebenjährige mit einem Bruder heimlich das Haus verließ, um von den Mauren getötet zu werden und so dieses Ziel schneller zu erreichen. Aber auch die Endlichkeit zog Teresas spannungsreiche Natur an. Gern kokettierte sie mit Vettern und Basen, schmückte und schminkte sich, wollte auffallen und beliebt sein.

Der Eintritt ins Kloster brachte Teresa zunächst keinen dauernden Frieden. Die Einundzwanzigjährige war mehr auf Grund von Überlegungen als wegen ihrer Gotteserfahrung ins Kloster gegangen. Sie selbst bekennt, daß eher Höllenfurcht als Gottesliebe sie dazu gedrängt habe. Dies war keine günstige Motivation für ein Ordensleben. Obwohl Teresa im Orden beliebt war und durch viele Krankheiten, die sie geduldig hinnahm, geprüft wurde, sagt sie von sich, sie sei fast zwanzig Jahre lang Gott davongelaufen. Das klingt unwahrscheinlich, entspricht aber ihrer Wahrheitsliebe. Teresa fühlte den an sie ergehenden Anspruch Gottes, aber sie hatte Angst, Todesangst, sich Gott so hinzugeben, wie er es von ihr verlangte. Ehe sie in ihren Schriften andere das Beten lehren sollte, mußte sie selbst erfahren, was es heißt, Gebet und die Vorbereitung darauf zu fliehen. Wie Paulus und Augustinus fühlte sie den Zwiespalt ihrer Natur: sie wollte das Rechte, tat aber das Falsche.

Lange Zeit versteckte sich Teresa hinter den offiziellen Gebeten der Kirche. Diese bestanden aus lateinisch rezitierten Psalmen und Schrifttexten, deren Inhalt sie nicht verstand. Dazu kamen zahlreiche mündliche Gebete und Andachten. Wie andere Schwestern hatte sie sich einen eigenen Gebetsraum eingerichtet. Doch Gott verlangte nicht nach Teresas Worten, sondern nach ihrem Herzen. Er wollte in der Stille der Meditation zu ihr sprechen. Dieses Gespräch nannte sie ›innerliches Gebet‹.

Inneres Beten war für sie eine Erfahrung, die wir heute mit dem Wort ›Meditation‹ umschreiben. Teresa vergleicht den Übergang von einem oberflächlichen, angelernten Beten zu selbstverantwortlichem Stehen vor Gott mit einem inneren Todeskampf. Sie versuchte, in Werkgerechtigkeit befangene Christen zu personaler Beziehung zu Gott anzuregen. Die Gotteserfahrung, die Teresa überwältigte und zu einer Lehrmeisterin des Gebets machte, bestand weniger in Visionen oder außerordentlichen Vorgängen als in der Erfahrung, daß Gott in der Tiefe des Menschen wohnt, daß er sein ganzes Sein durchdringt und der

Mensch erst wahrhaft Mensch wird, wenn er diesem Gott in seinem Innersten begegnet.

In einer plötzlichen Bekehrung vor einem Bild des gegeißelten Christus erkannte Teresa ihre Feigheit, sich auf das Abenteuer mit Gott nicht einzulassen. Seit diesem Erlebnis verlor sie die Angst, in der Stille, ohne viele Worte bei Gott zu sein. Von jetzt ab war sie nicht mehr sich selbst, ihren Zweifeln und Reflexionen ausgeliefert, sondern richtete ihren inneren Blick auf Christus, auf den Menschen Jesus, nicht fixierend, mit viel Vorstellungskraft, sondern wie ein Mensch, der im Dunkeln nach dem sich sehnt, der ihm ganz nahe ist. Mit Augustinus erkannte sie, daß Gott uns näher ist als wir uns selbst. Angeregt von franziskanischen und benediktinischen Strömungen geistlicher Vertiefung, führte sie in ihren Klöstern zwei Stunden stiller Meditation ein. Für ein Frauenkloster war dies etwas Unerhörtes. Man fand Teresa anmaßend und gab ihr zu verstehen, daß Frauen zu solcher Tiefenmeditation nicht fähig seien. Glücklicherweise gewann Teresa Theologen für ihre Erkenntnisse, die sie in ihrem Werk gegen Angriffe aus den Orden oder der Universität Salamanca verteidigten. Verschiedene Theologen bekannten, sie würden manche theologischen Probleme durch den Kontakt mit Teresa in einem neuen Licht sehen.

Teresa hat mit ihrer Lehre über das Gebet eine dynamische Kraft entbunden, die uns heute noch zutiefst betreffen kann. Durch die Lektüre ihrer Schriften wurde z. B. Edith Stein zur Konversion angeregt. Die Tiefe des eigenen Innern steht dem Menschen jedoch nicht ohne weiteres zur Verfügung. Er muß eine Einübung vollziehen, die durch beständige Wiederholung den Meditierenden aufmerksam macht auf die Stimme des Gewissens, die Antwort der eigenen Tiefe und auf das Hören von Gottes Wort. Das bloße Hören des Wortes Gottes in der Glaubensverkündigung genügt nicht. Das Hören muß zum Tun werden. Dieses Tun schafft einen Raum der Stille, es ermöglicht Aufmerksamkeit und Liebe zum Nächsten. Nur der Mensch ist wirklich Person, der mit der Stille umgehen kann, der sich Zeiten der Einübung vornimmt, um zu wissen, wer er ist, wer Gott ist und wer sein Nächster ist. Diese Frage der Selbst-Verwirklichung, um Gott glaubwürdig bezeugen zu können, interessierte Teresa brennend, dafür setzte sie ihr Leben ein und nahm neben ihren Klostergründungen die Mühsal schriftstellerischer Arbeit auf sich.

Aus Teresas innerer Wachheit für Gott und die Nöte des Mitmenschen erwuchs ihre Menschlichkeit. Eine ihrer Nichten sagte von ihr: »Meine Tante war so lebhaft und ungezwungen, daß die Leute nicht glauben konnten, wie heilig sie war.«[4] Jerónimo Gracián, der erste Provinzial von Teresas Gründungen, schrieb: »Teresa hatte eine liebenswürdige, freundliche und angenehme Art, so daß sie alle, die sie kannten und mit ihr zu tun hatten, für sich gewann und alle sie liebten. Sie hatte einen Abscheu vor der rauhen und abstoßenden Art mancher Heiliger, wodurch diese sich selbst sowie die Vollkommenheit unsympathisch machen.«[5] Teresa lebte die ungezwungene Heiligkeit des Evangeliums. In der Nachfolge Jesu suchte sie mit Menschen jeden Standes oder Charakters liebevoll und gelöst umzugehen.

Teresa betete nicht nur oft und lange, sie war auch eine tüchtige Geschäftsfrau, die es bei Verhandlungen über Grundstücke, Häuser und Vermögen mit jedem aufnahm. Als sie eine adlige Freundin in Madrid besuchte, versammelten sich neugierige Hofleute, um die Madre Fundadora zu sehen. Als Teresa den Salon betrat, hörten die Anwesenden nichts anderes als ihren vergnügten Ausruf: »Mein Gott, was für schöne Straßen hat Madrid!«[6] Die Franziskanerinnen, die Teresa danach besuchte, waren entzückt von ihrer Menschlichkeit und berichteten: »Gelobt sei Gott, der uns eine Heilige sehen ließ, die wir alle nachahmen können. Sie spricht, schläft und ißt wie wir und ist im Umgang nicht umständlich und auch nicht honigfließenden Geistes.«[7]

Wer Teresas bezaubernde Natürlichkeit kennenlernen will, muß ihre Briefe lesen. Neben tiefen geistlichen Ermahnungen stehen Stellen, die mit köstlichem Humor gewürzt sind, die Einfühlung und Menschenliebe verraten. »Ich glaube, hier werde ich weniger gestört. Ich habe eine Einsiedelei, von der ich den Fluß sehen kann. Ebenso sehe ich den Fluß dort, wo ich schlafe. Auch im Bett genieße ich diese Aussicht, was mir große Freude bereitet. Heute fühle ich mich besser als sonst.«[8] »Wirklich, ich war immer recht unvollkommen. Jetzt, glaube ich, habe ich ein noch größeres Recht (mich zu pflegen), weil ich alt und erschöpft bin. Sie würden sich wundern, wenn Sie mich sähen. Dieser Tage hatte ich eine Magenschwäche, so kamen die Nüsse zur rechten Zeit. Ich habe aber noch von denen, die Sie mir hierher geschickt haben. Sie sind sehr gut. Essen Sie doch die übrigen aus Liebe zu mir.«[9] »Sie müssen verstehen, ich lege großen Wert auf Tugenden, aber nicht auf Strenge. Sie können dies in all unseren Häusern sehen. Vielleicht kommt es daher, daß ich selbst so wenig bußfertig bin.«[10] »Die Mutter Priorin wird Ihnen sagen, welch große Freude ich habe über den Stand (Ehe), den Gott Ihnen zu Ihrer Zufriedenheit geschenkt hat. Mögen sie in ihm für seinen Dienst leben, denn es gibt in der Ehe Heilige wie auch in allen anderen Lebensständen. Auch sie können einer werden, wenn Sie nicht aus eigener Schuld versagen.«[11]

Wir sehen in Teresas Leben und Wirken, daß der Mensch in dem Maß Persönlichkeit wird, in dem er sich auf die

Wahrheit der ihn umgebenden sichtbaren und unsichtbaren Welt einläßt. Typisch für Teresa ist, daß sie nach ihrem endgültigen Durchbruch zu einer persönlichen Beziehung mit Gott die Wirklichkeit in all ihren Bezügen nicht verdrängte, sondern zuließ und die Reaktionen ihres Herzens und Denkens prüfte und in Zucht hielt. Hatte sie auch Schwächen wie jeder Mensch, suchte sie diese nicht zu verdecken, sondern bekannte sie offen. Eine ihrer Fehlhaltungen war eine gewisse Existenzangst, die besonders mit der damaligen Rolle der Frau gegeben war. Mehrfach wiederkehrende Aussagen wie: »Wir sind arme, schwache Frauen, die zu nichts taugen«, widerlegte sie durch ihr Handeln.

## 2. Geistliche Erfahrung

*Teresa und Johannes vom Kreuz*

Gelegentlich ist zu hören, Teresa sei in ihrer christologischen Mystik einwandfrei, bei Johannes vom Kreuz dagegen fänden sich Züge, alles Bildhafte in der Meditation aufzulösen, zumindest geringer zu werten. Das weise Parallelen zur östlichen Meditation auf und sei kritisch zu beurteilen. Richtig ist, daß Teresa, trotz ihrer Freundschaft mit Johannes, seine radikale ›Kartäuserspiritualität‹ im Karmel der Kritik unterzog. Bei aller Verschiedenheit der Veranlagung und des Bildungsgangs stimmen jedoch die Aussagen der beiden Mystiker in wesentlichen Punkten überein.

Zur Beurteilung ihrer Lehre können uns vielleicht die Begriffe negative und positive Theologie helfen. Mit Dionysius dem Areopagiten sagt Edith Stein in ihrer Studie »Wege der Gotteserkenntnis«, die Annäherung an Gott sei je nach Gottsuchern verschieden, auf dem Gipfel des Berges der Gotteserkenntnis aber träten die vielen Wege ein in das göttliche Dunkel, in dem es für den Menschengeist keine Aussage oder Unterscheidung mehr gibt.[12] Das ist bei Dionysius natürlich nicht synkretistisch zu verstehen, als wäre es gleichgültig, welcher Religion der Mensch angehöre, sondern methodisch.

Ohne Zweifel hat Otger Steggink OCarm. in seinem Buch »Erfahrung und Realismus bei Teresa von Ávila und Johannes vom Kreuz«[13] recht, wenn er betont, Teresa habe dem rationalistischen Wissenschaftsbetrieb und der blutleeren Glaubensverkündigung ihrer Zeit die Notwendigkeit spiritueller Erfahrung entgegengehalten und damit auch viele Theologen zu einem Leben der Meditation, des inneren Betens bekehrt. Andererseits aber sind nicht nur die Gedichte, sondern auch die kühler erscheinende Prosa des heiligen Johannes von einer so starken spirituellen Erfahrung getragen, daß gerade darin sich der Einklang von Reflexion und Erfahrung in seinem Leben erweist.

Die Mystik des Johannes ist von derselben orthodoxen Christologie bestimmt wie die Teresas, aber über viele Dinge, über die Teresa spricht, z. B. Meditation eines Bildes, der Schöpfungswirklichkeit oder der Gestalt Christi im Innern der Seele, verliert Johannes kein Wort. Er meditierte ebenso Bilder wie Teresa, aber beim Tieferwerden der Meditation ließ er die Vorstellungen fallen, um leer und bildlos bei Gott zu verweilen. Den gleichen Zug beobachten wir auch bei Teresa, jedoch ihrer Veranlagung entsprechend. Da sie nicht rational geschult war, ist bei ihr das Bilddenken vorrangiger, gebraucht sie es stärker bei der Erklärung ihres geistlichen Weges. Das Innere des Menschen sieht sie in einem einzigen, vielfarbigen Bild: einem köstlichen Schloß mit unzähligen Gemächern.

Beiden Mystikern geht es im letzten um das Innerste, die Mitte, die Tiefe des Menschen in Jesus Christus. Nur der Mensch, der beim Beten in seine eigene Tiefe eingeht, ist nach ihnen zu einem echten Glaubensvollzug fähig und kann andere wieder aus dieser seiner Tiefe beschenken.

»Denken wir uns also«, schreibt Teresa in der »Seelenburg«, »daß diese Burg... viele Wohnungen hat, von denen einige oben gelegen sind, andere unten und wieder andere seitwärts, und daß sie ganz innen, in der Mitte all dieser Wohnungen, die allerwichtigste birgt: jene, wo die tief geheimnisvollen Dinge zwischen Gott und der Seele vor sich gehen. Es ist nötig, daß ihr auf dieses Gleichnis achtet.«[14] Teresa betont das Gleichnishafte ihres Bildes. Kurz darauf nennt sie die ganze Burg eine Perle, einen klaren Kristall, in dessen Mitte Gott wie eine alles durchstrahlende Sonne wohnt.[15] Das Bild von der Sonne gebraucht auch Johannes.[16]

Alles Tun des Menschen, der zu solcher Herrlichkeit geschaffen ist, nützt nichts, wenn seine Taten »nicht aus dem Urgrund stammen, welcher Gott ist«[17]. Teresa sagt nicht, es genüge, als Mensch und Christ sich ein bißchen anzustrengen, um Gutes zu tun oder zu beten. Wie Johannes verlangt sie das Ganze, den letzten Einsatz, zumindest als Zielvorstellung, die der Betende dauernd vor Augen haben soll. Urgrund, Tiefe, Innerstes sind ihre Begriffe, wenn sie uns auffordert, unser eigenes Leben und unsere Beziehung zu Gott zu überdenken.

Wenn Johannes von Entblößung und Leere spricht, sagt Teresa Kreuzesliebe; wenn er von Trost und Frieden redet, beschreibt sie, wie Gott das Herz des Menschen weit und froh macht. Beide sind sich darüber einig: die Beziehung zu Gott, das meditierende Innewerden seiner Gegenwart kann sich nur in tiefster Ruhe, ja Lautlosigkeit vollziehen.

## Wasser – Symbol der Kontemplation

In Teresas leidvollem zwanzigjährigen Ringen, Gott in der Meditation zu finden, suchte sie nach einem Bild, die verschiedenen Zugänge zum Urgrund Gott aufzuzeigen. Da sie eine Vorliebe für Wasser hatte, gebrauchte sie zwei Vergleiche, die sie durch die Anwendung der Wasserkraft in ihrer Zeit vor Augen hatte. In ihrer Autobiographie schreibt sie, man könne einen Garten auf vierfache Weise bewässern. Erstens, indem man mit großer Mühe Wasser aus einem Brunnen emporziehe. Zweitens gibt es Brunnen, die ein mit Schöpfgeräten versehenes Rad haben. Mit diesen kann man mit wenig Aufwand mehr Wasser schöpfen als bei der ersten Weise. Die dritte Art ist: man leitet Wasser aus einem Bach oder Fluß durch Röhren in den Garten. Im Vergleich zum Gießen ist diese Art für den Gärtner eine große Erleichterung. Die vierte und letzte Weise, auf die es Teresa besonders ankommt, ist die Bewässerung des Gartens durch einen ausgiebigen Regen. Hier ist menschliche Arbeit und Hilfeleistung nicht mehr nötig. Gott allein tut das Werk.[18]
Alles, was Teresa über ihre Erfahrungen mit Gott geschrieben hat, sucht dieses Beschenktwerden von oben anzudeuten. Alle Hilfen, die sie sich zurechtlegt: Ordensleben, Tagesplan, dienen dem einen Zweck, aufmerksam zu werden auf die stille, sanfte, lautlose, friedvolle und seligmachende Begegnung mit Gott.
Diese Erfahrung sucht sie in einem zweiten Bild festzuhalten: »Stellen wir uns, um es besser zu erfassen, zwei Brun-

nenbecken vor, die sich mit Wasser füllen... Diese zwei Brunnenbecken füllen sich auf verschiedene Weise. Bei dem einen kommt das Wasser von weither durch viele Röhren mittels kunstvoller Vorrichtungen. Das andere aber ist unmittelbar dort erbaut, wo das Wasser entspringt, und es füllt sich völlig lautlos. Ist die Quelle reichhaltig wie die, von der wir reden, so fließt, wenn das Becken gefüllt ist, ein starker Bach daraus hervor. Man braucht da keine Kunst, und der Zufluß versiegt nicht, sondern immer quillt das Wasser daraus hervor. Das durch Röhren herbeigeleitete Wasser gleicht meines Erachtens den Befriedigungen, von denen ich gesagt habe, daß wir sie durch die Meditation (= Nachdenken, Überlegen) erlangen; denn wir leiten sie mittels der Gedanken herbei, indem wir uns in der Kontemplation der erschaffenen Dinge bedienen und dabei den Verstand ermüden. Wenn das Wasser endlich dank unserer Anstrengungen kommt, stürzt es in tosendem Schwall herein, falls es – wie gesagt – die Seele so füllen soll, daß es ihr Nutzen bringt.«[19]

Teresa kennt also auch den Weg der negativen Theologie. Wie Johannes sagt sie, daß wir uns durch Nachdenken und Betrachten der Dinge ermüden und nicht zum inneren Frieden der Gottesnähe gelangen. In der Meditation sollen die Gedanken schweigen. Im Vergleich zu Johannes spricht Teresa anmutiger, bilderreicher, aber auch weniger systematisch. Man muß ihre Methode aus dem Gedankenfluß herauslösen. Entscheidend ist für Teresa das zweite Brunnenbecken. »Dem anderen Brunnen«, fährt sie fort, »strömt das Wasser unmittelbar vom Quellort zu – nämlich von Gott –, und sowie seine Majestät nach eigenem Gefallen eine übernatürliche Gnade erweisen will, quillt es friedvoll und mit größter Ruhe und Sanftheit aus dem tiefsten Innern unseres eigenen Wesens empor – ich weiß weder wo noch wie. Auch fühlt man jene Freude und Wonne nicht wie die irdischen Glücksgefühle im Herzen (ich meine, nicht gleich zu Beginn, denn später erfüllen sie alles). Dieses Wasser läuft über und durchströmt alle Wohnungen und Seelenkräfte, bis es zum Körper gelangt. Darum sagte ich, daß es in Gott beginnt und in uns endet. Denn wirklich, der ganze äußere Mensch genießt dieses Wohlgefühl und diese Sanftheit, wie derjenige wissen wird, der es erfahren hat.«[20]

An dieser Stelle haben wir in Kürze Teresas mystische Lehre vor Augen. Sie stimmt nicht nur mit den Erfahrungen und Forderungen des heiligen Johannes überein, sondern auch mit den meditativen Bemühungen heute, den Menschen ganzheitlich in das innere Schweigen, das Bei-sich- und Bei-Gott-Sein einzuführen. Gott, der Urgrund, wird im Brunnengleichnis Quelle genannt. Der Quelle ist es eigen, ihr Wasser »lautlos« mitzuteilen, ohne das Geräusch kunstvoller Vorrichtungen; übertragen gesehen: ohne Gedankengeräusch. Die Quelle gibt »unmittelbar« – auch ein Lieblingswort Teresas. Das Sehnen des Menschen wird erst gestillt, wenn es eine Sache unmittelbar erfassen darf, nicht wenn es durch viele störende Vermittlungen hindurchgehen muß.

Das Wasser der göttlichen Selbstmitteilung fließt »immer«, voll »Sanftheit«, in »äußerer Ruhe« »aus dem Innersten« des Menschen »empor«. Emporfließendes Wasser können wir uns nicht gut vorstellen. Wasser ist für Teresa jedoch nur ein Bild. Auch Jesus gebraucht dieses Bild: »Wer an mich glaubt... aus seinem Innersten werden Ströme lebendigen Wassers fließen« (Joh 7,38). Diese Schriftstelle war Teresa besonders vertraut. Bezeichnend fügt sie hinzu: »Ich weiß nicht wo und wie.« Auch die Gesetze der örtlichen Begrenzung und Einengung des menschlichen Horizonts versagen, werden entgrenzt. Seligkeit und Freude in der Wahrnehmung der Transzendenz sind, gerade weil sie aus dem Innersten des Menschen kommen, anders als die vorübergehenden Freuden, die er beim Betrachten der Dinge empfindet. Diese innere Freude erfüllt alles, den »ganzen« Menschen. Kein Teil seiner Existenz ist davon ausgenommen.

Kontemplation ist also nicht – dualistisch gesehen – rein geistige Erfahrung, die den Körper hinter sich läßt. Vielmehr hat der Körper an ihr Anteil, ohne daß der Geist gestört wird. Der ganze Mensch ruht in Gott, der ganze Mensch ist eingehüllt und durchdrungen von einer unendlichen Sanftmut und Zartheit der Begegnung. Johannes vom Kreuz versucht sie folgendermaßen zu beschreiben: »Du zärtliche Berührung, Sohn und Wort Gottes, das du mit der Stille deines göttlichen Seins dich in den Kern meiner Seele schmiegst und sie innig in dich hinüberziehst... Du über alles zarte Berührung des Wortes. Du bist um so zarter für mich, da du Berge umgewälzt und Felsen am Berg Horeb zerschmettert hast, um dich dem Propheten Elias in zarter Kraft, im Wehen des Windes, zu offenbaren (1 Kön 19,11 ff).« [21]

## Dimension der Tiefe

Teresa korrigiert sich häufig, weil im Grund kein Bild ausreicht, diese Vorgänge zu schildern. »Als ich eben dies schrieb«, erläutert sie, »habe ich daran gedacht, daß es in dem Vers, den ich vorher anführte, heißt: ›Dilatasti cor meum‹, was besagen will, daß das Herz sich weitet. Doch wie gesagt, ich habe den Eindruck, daß es etwas ist, das nicht im Herzen entspringt, sondern anderswo, noch weiter innen, wie aus einer Tiefe. Ich nehme an, daß es im Zentrum der Seele sein muß... Wahrlich, ich sehe Geheimnisse in uns, die mich oft erschreckt haben.« [22]

Man sieht aus diesen Worten, daß es nicht darum geht, wie es heute oft geschieht, als Ort der Meditation Herz und Leibmitte gegeneinander auszuspielen. Zum Beispiel wird gesagt, in der »unteren Region des primitiven Ursprungs« ruhe zwar der Schwerpunkt des Leibes, nicht aber der Schwerpunkt des Geistes.[23]

Teresa und Johannes sehen diesen inneren Schwerpunkt in einer Tiefe, die nicht tief und innerlich genug gedacht werden kann. Die in der Meditation erfahrene Tiefendimension steht nicht im Gegensatz zur Region des Herzens. Man kann Teresas Erfahrung mit manchen Christusbildern des Mittelalters oder der Frühzeit vergleichen. Die Künstler wußten unreflex um diese Zusammenhänge. Sie betonen bei Christus, der oft in einer Mandorla sitzt, seine Leibmitte, nicht die Region des Herzens. Der Leib wirkt unter den sich bauschenden Falten fast wie ein Rad. Auch bei Marienbildern kann man dies beobachten.

Im Vergleich zu Johannes drückt sich Teresa, wie gesagt, methodisch indirekter aus. Dadurch wirkt ihr Sprechen personaler, obwohl Johannes ebenso personal denkt wie sie. Sie sagt zum Beispiel nicht: Laß dich los, werde gelassen, still, sondern: »Alles, was der Herr hier zum Wohl der Seele tut und was er ihr zeigt, geschieht in solcher Ruhe, so völlig lautlos, daß es mich dünkt, es sei wie beim Bau von Salomos Tempel, wo kein Geräusch zu hören war. Ebenso ist es in diesem Tempel Gottes, in dieser seiner eigenen Wohnung, wo er und die Seele sich aneinander in tiefster Stille erfreuen. Da ist kein Grund zur Geschäftigkeit, und der Verstand hat hier nichts zu suchen. Der Herr, der ihn schuf, will ihn hier ruhen lassen, und nur durch einen kleinen Spalt soll er sehen, was da geschieht. Manchmal wird ihm diese Sicht zwar versperrt, aber doch nur für ganz kurze Zeit. Denn meines Erachtens verlieren sich die Fähigkeiten hier nicht. Sie sind jedoch untätig und gleichsam von

Staunen erstarrt. Mich selbst verwundert es, daß alle Entrückungen aufhören, sobald die Seele hierher gelangt ist, von gelegentlichen Ausnahmen abgesehen.«[24]

Teresa betont mehr den Geschenkcharakter der Meditation, das Zuständliche der Stille. Was sie erfährt, geschieht »lautlos«, »in Stille«, in »großer Ruhe« usw. Methodisch sagt sie: Man soll gern allein sein oder die Einsamkeit aufsuchen. Ebenso wichtig ist ihr aber das geistliche Gespräch mit Freunden, in dem man das Erfahrene austauscht und es unter ein Kriterium stellt: den Maßstab der Schrift und der theologischen Erkenntnis. Wie Johannes betont sie, daß in der Tiefendimension Gedanken und Überlegungen stören. Zu anderen Zeiten soll der Verstand seine Tätigkeit ausüben, aber nicht in der Meditation.

Die Ruhe, das Bei-sich- und Bei-Gott-Sein ist nicht Selbstzweck, dient nicht der Schönheitspflege von Seelen, die sich von andern, weniger bevorzugten Menschen distanzieren. Teresa denkt wirklichkeitsnah, sie will das ganze Christusleben realisieren, nicht nur einen Ausschnitt. Ihren Schwestern schreibt sie: »Ich sage es nochmals: Mit Gebet und Beschauung allein könnt ihr euer Fundament nicht legen. Wenn ihr nicht nach Tugenden trachtet und euch nicht tätig darin übt, werdet ihr immer Zwerge bleiben... Ich halte es für unmöglich, daß die Liebe sich damit begnügt, ständig auf der Stelle zu treten.«[25] Tugend haben, heißt für Teresa, seelische Kräfte entwickeln, tätig sein, dem Nächsten dienen, sei es im Kloster, sei es in anderen Bereichen.

Übereinstimmend mit Johannes sagt Teresa, je tiefer der Mensch in sein Inneres eingeht, je mehr er äußere Vorstellungen fallenläßt – auch das schönste Bild von der Seele und von Gott ist nicht die Seele und nicht Gott – desto seltener geschehen bei Bewußtseinsumschaltungen und Gnadeneinwirkungen außerordentliche Phänomene.

Teresa und Johannes betonen, daß Visionen, innere Ansprachen und aufsteigende Bilder nicht der innersten Erfahrung angehören. Der Betende soll keinen großen Wert auf sie legen und sie weiterziehen lassen. Da Teresa durch die Beschlüsse der Inquisition manche Literatur und Fortbildungsmöglichkeit verschlossen wurde und sie teilweise auch unter ungeeigneten geistlichen Beratern zu leiden hatte, war sie dankbar für die Zeit, in der sie häufig innerlich das Bild Christi als des Auferstandenen sah.

## Identität

Teresa und Johannes beschreiben die Gnaden der Bewußtwerdung Gottes im Innersten des Menschen im Zusammenhang mit der Erfahrung seiner unzerstörbaren Identität. Ruhe, innere Seligkeit sind das Angeld des Meditierenden, um die Probleme des Daseins in rechter Weise zu tragen. Den Betern, sagt Teresa, wird das Kreuz nicht fehlen. »Nur beunruhigt sie dies nicht, noch raubt es ihnen den Frieden, sondern es geht vorüber, wie eine Woge, wie einzelne Stürme, denen heitere Stille und günstige Winde folgen. Denn die Gegenwart des Herrn, die sie in sich tragen, läßt sie all dies bald vergessen.«[26]

»Mut« und »Entschlossenheit« sind Lieblingsworte Teresas. Der Geist der Conquistadores, zu denen auch ihre eigenen Brüder gehörten, war in ihr genauso lebendig, aber auf anderer Ebene. Auch sie errang vielen Menschen Neuland, deren Religiosität in einem Routine-Christentum erstarrt war. Wie ein Kampfruf klingt es, wenn sie schreibt: »Hierfür ist das Gebet da... daß ihm immerfort Werke entsprießen, Werke.«[27]

In der Nachfolge des Gekreuzigten »Sklave Gottes« zu werden, der sein Leben einsetzt und sich zum Heil der andern opfert, dies sind nach Teresa Früchte, die einer wahren Meditation und Kontemplation entspringen. »Ihr dürft nicht meinen, meine Schwestern, die Wirkungen, von denen ich gesprochen habe, hielten bei diesen Menschen ununterbrochen an... Manchmal überläßt unser Herr sie ihrer Natur... Freilich dauert das nicht lange – einen Tag höchstens oder wenig mehr –, und in dieser großen Wirrnis, die meist von einem besondern Anlaß herrührt, gewahrt man, was der Mensch durch die gute Gesellschaft gewinnt, in der er sich befindet. Denn der Herr gibt ihm eine große Beharrlichkeit, so daß er in keiner Weise von seinem Dienst und seinen guten Vorsätzen abweicht... Der Herr will, daß der Mensch sein eigenes Wesen nicht vergißt und darum stets demütig bleibt.«[28]

Wahrer Friede, wahre Ruhe sind für Teresa Christus der Herr selbst. Der Mensch, der glaubend in der Kontemplation ruht, weiß sich in der Nähe Jesu, dessen Freundschaft ihn trägt und stärkt. Wieder gebraucht Teresa das Bild der Burg mit vielen Gemächern, um die Beziehung des Innersten des Menschen zu seinen sonstigen Fähigkeiten zu veranschaulichen: »Was meint ihr, wozu jene Inspirationen... von denen ich gesprochen habe (da sind), jene Zusicherungen aus der innersten Mitte, die von der Seele zu den Bewohnern im oberen Teil der Burg und zu allen anderen in den verschiedenen Gemächern weitergeleitet werden? Damit sie sich schlafen legen? Nein, nein, nein! Denn die Seele befehdet sie von dort aus noch heftiger, damit sie nicht müßig seien, die Fähigkeiten und Sinne und alles, was dem Leibe angehört. Sie bekämpft sie härter als zu jener Zeit, wo sie sich noch leidend in deren Gesellschaft bewegte. Denn damals begriff sie noch nicht den großen Gewinn, den die Leiden bedeuten, und verstand nicht, daß diese vielleicht die Mittel waren, durch die Gott sie ans Ziel bringen wollte.«[29]

Der Mensch, der aus der Kraft des Betens lebt, überwindet das Leid. Er lebt aus der Stärke Gottes. »Wenn David sagt, daß wir mit den Heiligen heilig sein werden, so ist nicht daran zu zweifeln, daß der Mensch, wenn er eins geworden ist mit dem Starken, durch diese erhabene Vereinigung von Geist mit Geist so erfahren wird, wie Stärke auf ihn übergeht. So sehen wir, woher die Heiligen die Kraft zum Leiden und Sterben empfingen... Es ist mein Wunsch, daß wir... so weit gelangen, und dies nicht, um zu genießen. Nein, wir wollen es herbeisehnen und uns dem Gebet hingeben, um diese Kräfte für den Dienst zu empfangen.«[30]

Nicht Werke sind das letzte, sondern Liebe, die innere Gesinnung. Oft sind dem Menschen große Taten versagt, sein Alltag ist bescheiden. Trotzdem kann alles, was Kontemplation beinhaltet, auf ihn zutreffen. »Bauen wir keine Türme ohne Fundament! Der Herr sieht nicht so sehr auf die Größe der Werke als auf die Liebe, mit der sie getan werden. Tun wir, was wir können, so wird Gott uns schenken, daß wir jeden Tag mehr vermögen. Laßt uns nicht gleich müde werden, sondern die kurze Zeit, die dieses Leben noch währt – und vielleicht ist sie kürzer, als der einzelne denkt –, dem Herrn das Opfer darbringen, das wir ihm anbieten können. Jesus wird es zu dem hinzutun, was er selber am Kreuz dem Vater dargebracht hat um unseretwillen, damit unsere Gabe den Wert erlangt, den unser Wollen verdient, seien die Werke auch klein.«[31]

Als eine sichere Führerin im geistlichen Leben mahnt Teresa den Beter, beim Durchschreiten seines Innern nie gewaltsam vorzugehen, auch wenn Blockaden vorliegen. Der Mensch hat sich nie selbst im Griff, er ist immer auf die Hilfe anderer, vor allem auf Gottes Beistand, angewiesen. Dieses Wissen um die eigene Situation nennt Teresa Demut. Unüberhörbar ist ihr Jubel über die Erfahrung innerer Gewißheit, die Paulus so ausspricht: »Was kann uns

scheiden von der Liebe Christi?« (Röm 8,35). Teresa er-
gänzt: »Habt ihr einmal die Wonnen dieser Burg erfahren,
werdet ihr in allen Dingen Ruhe finden – seien sie auch
voller Qual und Mühe –, aus der Hoffnung, daß ihr dort-
hin zurückkehren könnt. Diese Hoffnung kann euch niemand rauben.«[32]

# II. Johannes vom Kreuz

## 1. Geistliche Führung

Im 16. Jahrhundert bedeutete die Ausübung eines geistlichen Berufs nicht wie heute gesellschaftliche Verunsicherung. Der Priesterberuf z. B. war geschätzt, aber mit Herrschaftsstrukturen verfremdet. Selbst das Ordensleben bot geistlich Suchenden weitgehend nicht die Möglichkeit eines sinnerfüllten religiösen Lebens.

Johannes vom Kreuz, der Zeitgenosse Teresas von Ávila, traf mit der Ordensstifterin 1567 zusammen und machte sie mit seinen Plänen vertraut, zu den Kartäusern überzutreten. Ähnlich wie Teresa, beunruhigten ihn bestimmte Ausprägungen des Ordenslebens seiner Zeit. Während Johannes, seiner Veranlagung gemäß, bei den Kartäusern echtes Mönchsleben suchte, wollte Teresa eine neue Form schaffen, in der nach ihrer Meinung das möglich war, was Johannes von seinem Ordenswechsel erhoffte: Stille, Gebetsgeist, echte brüderliche Liebe. Teresa beeindruckte Johannes, und er ließ sich von ihr überzeugen, es sei sein Auftrag, die Reform des männlichen Karmel zu beginnen, während Teresa Frauenklöster errichtete. Beiden ging es um eine Verlebendigung der Nachfolge Christi, um Verinnerlichung des geistlichen Lebens, um Ausbrechen aus einem mehr oder weniger äußerlichen Kirchenbetrieb.

Johannes begegnete der geistlichen Orientierungslosigkeit, indem er die Heilige Schrift studierte und sich mit der kirchlichen Tradition und den Bedürfnissen seiner Zeit auseinandersetzte. Teresa hatte ihm gezeigt, daß intensives Leben mit Christus in Gebet und Schweigen nicht abgeschnitten sein darf vom Kontakt mit den Mitmenschen, die zu allen Zeiten nach echter geistlicher Führung verlangen. Als Johannes sechsundzwanzigjährig 1568 in Duruelo in Nordspanien mit Hilfe eines Gleichgesinnten in großer Armut ein Reformkloster gründete, war eine seiner ersten Taten, daß er in den umliegenden Dörfern den Menschen das Wort Gottes verkündete.

Johannes wurde Mitbegründer der Ordensreform Teresas, die sich besonders dem evangelischen Anspruch der Armut, der Gottes- und Nächstenliebe stellte. Er trat nicht aus dem Kloster aus, vielmehr suchte er die überkommene klösterliche Lebensform des Karmel mit neuen christlichen Werten zu füllen. Krisenzeiten wie das 16. oder 20. Jahrhundert bringen nicht nur Niedergang, sondern auch Neubeginn, Aufbruch lebensstarker Strömungen, die die längst fälligen Reformen im zeitbedingten Gewand der Kirche herbeiführen. Ohne es zu beabsichtigen, wurden Johannes vom Kreuz und Teresa von Ávila durch ihr aktives Eingreifen in das, was ihre Zeit bewegte, zu den hervorragendsten Vertretern der spanische Mystik.

Um das christliche Leben zu erneuern und dem priesterlichen Dienst Sinn zu verleihen, entzog sich Johannes dem Konsumleben damaliger Prägung, da er offenbar das Wort Jesu, »eher gehe ein Kamel durch ein Nadelöhr als ein Reicher in den Himmel« (Mt 19,24), ernst nahm. Er lebte als Armer, ohne nach Pfründen, Ehren oder Ämtern zu streben. Wurden ihm im Verlauf seines Ordenslebens Ämter übertragen, sei es in einzelnen Häusern oder in der Ordensleitung, sah er darin nicht einen Zuwachs an Prestige, sondern eine noch größere Verpflichtung zum Mittragen des Kreuzes Christi. Wie wenig der Reformzweig des Karmel auf die Dauer von diesem Geist Jesu beseelt blieb, sehen wir am Schicksal, das Johannes vor seinem Tod erlitt. Er mußte nicht nur die Verurteilung durch seine früheren

Mitbrüder im Kerker von Toledo erfahren, sondern auch Anfeindung in den eigenen Reihen. Nachdem man den Neunundvierzigjährigen aus der Ordensleitung ausgeschlossen hatte, wollte man ihn auch aus dem Orden ausstoßen, weil er dem Machtdenken seiner Obern widerstand. Inmitten körperlicher und seelischer Bedrohung schrieb er: »Suche in Liebe zu betrachten, was nicht von Liebe zeugt, und du wirst Liebe daraus schöpfen.«[1]

Wirkt die Askese des Johannes heute nicht anstößig? Spricht man anstatt vom Kreuztragen nicht lieber von Mündigkeit und Menschlichkeit? Vielleicht zu Recht, weil man Askese und Kreuz lange in der Erziehung zu stark betont hatte, ohne daran zu denken, daß nur mündige Menschen leidens- und tragfähig sind. Man kann nicht unterschiedslos von allen das gleiche erwarten. Johannes setzte bei der Veranlagung des einzelnen an, er war milde und verständnisvoll im Urteil. Unter Askese verstand er nicht in erster Linie körperliche Kasteiungen oder Buchstabengehorsam. Entscheidend für ihn waren das immerwährende Gebet und der Dienst am Mitmenschen. Stundenlang widmete er sich Ratsuchenden, so daß weniger einsichtige Mitbrüder ihn anklagten, er halte als Oberer nicht die Tagesordnung und verfehle sich gegen den Gehorsam. Johannes machte die Frömmigkeit liebenswürdig, war im Verhalten nicht schroff und abstoßend, sondern von brüderlicher Sorge erfüllt. Da er vor seinem Ordenseintritt als Krankenpfleger im Spital gearbeitet hatte, versah er als Priester und Oberer gerne den Krankendienst. Beim Bau der Klöster half er als Maurer und legte Wasserleitungen an. Seiner eigenen Familie, die in großer Armut lebte, blieb er in Liebe verbunden und half ihr, wo er konnte. Johannes, der in seiner äußeren Erscheinung klein war, bescheiden und unauffällig wirkte, beeindruckte seine Zeitgenossen durch Menschlichkeit, Brüderlichkeit und ein intensives Gebetsleben. Darum ließen sich viele von ihm die Wege zu Gott weisen.

Johannes wurde scharf und unnachgiebig, wenn es um die Hinführung zum Gebet ging. Voll Unmut beobachtete er die falschen Weisungen geistlicher Leiter, die das Verlangen der Menschen nach Gott nicht stillten. Ihre Seelsorgsmethoden liefen eher darauf hinaus, über die Gläubigen zu herrschen, ihnen die eigene Meinung aufzuzwingen, anstatt darauf zu achten, was der Geist Gottes im einzelnen wirken wollte. Johannes hielt nichts davon, Suchende mit vielen frommen Gedanken zu füttern. Größeren Wert legte er darauf, die Menschen zur inneren Ruhe zu führen. Sie sollten lernen, auf Gott zu hören, anstatt ihm etwas vorzureden. Feinfühlig erkannte er das Erwachen der personalen Bedürfnisse des Menschen.

Das vom Griechentum beeinflußte Denken im Urbild-Abbild-Verhältnis wich seit der deutschen Mystik der Vorstellung einer Partnerschaft zwischen Gott und Mensch. Teresa von Ávila, Ignatius von Loyola und Johannes vom Kreuz sind davon geprägt. Nicht mehr das Aufsteigen auf Seinsstufen, sondern das personale Sich-gegenüber-Stehen wurde Grundstruktur des Gottesverhältnisses.[2] Johannes wehrte sich, den Fragenden überkommene Schemata aufzudrängen. Gleich den deutschen Mystikern war er davon überzeugt, Gott wohne auf dem Grund, im Innersten (centro) des Menschen. Daher ist Stillwerden notwendig, um Gottes bewußt zu werden.

Der Mensch will tun, handeln, schaffen. Meditation – Johannes sagte dafür Kontemplation, Beschauung – besteht nach ihm im Empfangen, im Lauschen. Gott und Mensch begegnen sich wie Liebende, die sich im Schweigen näher sein können als in vielen Worten. Man versteht daher den Unmut des Heiligen, wenn er Menschen antraf, die durch falsche Einübung in die entgegengesetzte Richtung ge-

führt wurden. »Dann kommt so ein Seelenführer, der nu-
daraufloszuhämmern versteht und mit den Seelenvermögen wie ein Grobschmied umgeht. Und weil das seine
ganze Weisheit ist und er nichts Höheres als Betrachten
kennt, wird er sagen: ›Genug, laßt dieses Stillesein. Es ist
nur Müßiggang und Zeitverlust! Nehmt euch etwas vor
und denkt nach. Vollzieht innere Akte. Ihr müßt das betä-
tigen, was in euch ist. Alles andere ist Selbstbetrug und
Faulenzerei!‹« [3]
Johannes lag es fern, das Nichtdenken und Nichtbetätigen
der Seelenvermögen gegen die Meditation des Wortes
Gottes auszuspielen. In seinen Werken begegnet man fast
auf jeder Seite dem Wort der Schrift. Therese von Lisieux
lernte von ihm, die Bibel ernst zu nehmen. Was wir heute
unter Schweige-Meditation verstehen, faßte Johannes in
das Wort Kontemplation, was nicht Untätigkeit, sondern
»Kommunikation bedeutet, welche Heil und Erlösung
vermittelt« [4]. »Solche Seelenführer mögen sich bewußt
sein, daß der eigentliche Beweger und Führer der Seelen
nicht sie sind, sondern der unablässig um sie bemühte
Heilige Geist; daß sie nur Wegweiser sind (zu Gott) kraft
des Glaubens… So sei denn ihr ganzes Bestreben, die
Menschen nicht eigensinnig ihrer eigenen Weise anzu-
gleichen, sondern sich zu prüfen, ob sie den Weg erkennen, den Gott die andern führt. Und wenn sie ihn nicht
kennen, sollen sie jene Gott überlassen, anstatt sie zu
beunruhigen.« [5]
Johannes hatte Ehrfurcht vor dem Menschen. Stille und
Freiheit des Geistes gehörten zu seinen Lieblingsworten.
»Aufgabe des Seelenführers ist es, den Menschen leer und
gelassen zu machen, daß er von nichts gefesselt wird, nicht
abgelenkt wird von Gelüsten und Einbildungen. Abge-
wandt von allen Geschöpfen soll er in geistiger Armut ver-
harren. Das ist es, was der Mensch von sich aus bewirken

kann.«[6] Dieses Nichttun ist nicht Quietismus. Es kommt aus einer sehr tätigen Quelle, dem Einsatz des ganzen Willens. Der Mensch ist fähig, sich in die Stille, in sein Inneres zu begeben, er kann ›abschalten‹, leer werden von allen Eindrücken, um sich dem einen Mysterium zu nahen, das Johannes über allem Faßbaren und Nennbaren erfuhr. Sein ›Abgewandtsein von allen Geschöpfen‹ heißt nicht Fortgehen von der Schöpfung, um den Schöpfer zu finden, sondern Lauschen auf den Schöpfer im Frieden des Herzens. »Gleich der Sonne steht Gott über den Menschen, um sich ihrem Innern einzustrahlen.«[7] Der Mensch, der im Lärm des Eigenwissens den Dingen verhaftet ist, ist blind gegenüber der ›Sonne‹, die jedes Geschöpf durchstrahlt und im Leben erhält.

Wie nie zuvor, sehnen sich in unserer von der Technik beherrschten Welt Menschen nach einer Tiefendimension, die ihnen verschüttet scheint. Sie suchen nach Meistern und finden sie nicht. Nur wenige haben Mut zur Stille, zum Leerwerden vom Vordergründigen. Nur wenige nehmen wie Johannes Suchende an die Hand und ermutigen sie: »Laß dich los, bring die Gedanken zum Schweigen, sei ruhig und gelassen. Habe keine Angst, ich gehe mit dir.«

Johannes ging mit den andern ihren Weg. Was ist Meisterschaft anderes als dieses Mit-Sein, das nicht nur im Lehren besteht, sondern vor allem im Tun mit den andern, in der Lebensmitteilung.

## 2. Personale Tiefenmeditation

*Sich-tragen-Lassen*

Johannes vom Kreuz sagt in seinem Werk »Aufstieg zum Berge Karmel«: »Es gibt Menschen, die, anstatt sich Gott zu überlassen und mitzuwirken, ihn durch ihr unkluges Verhalten und ihren Widerstand eher hindern. Sie sind wie kleine Kinder. Wollen ihre Mütter sie auf den Arm nehmen, strampeln und weinen sie, weil sie durchaus selbst gehen wollen, obwohl sie es nicht können oder nur mit Kinderschritten.«[8]

Der Meister des Schweigens, der inneren Versenkung zeigt uns an diesem konkreten Bild, was dem Menschen oft fehlt, oder was er falsch macht, wenn er sich in das Gebet begibt. Wir kennen vielleicht die Aussage des hl. Pfarrers von Ars, der von einem Dorfbewohner berichtet: Ein alter Bauer habe ihm auf seine Frage, was er denn stundenlang in der Kirche mache, erwidert: »Ich sehe Gott an, und er sieht mich an.« Das Gebet dieses einfachen Mannes war sicher so, wie es Johannes vom Kreuz vorschwebte, wenn er seine Zeitgenossen zum Glauben an Christus, zu einer vertrauenden Hingabe gegenüber Gott führen wollte. Aber wie gelingt es uns heute, einen solchen Einstieg zu finden, in ein ruhiges, vertrauendes Beten hineinzukommen?

Es ist die Tragik des oft redlich strebenden Christen, daß er sich in seiner personalen Beziehung zu Gott wie ein Kind benimmt, während andere Persönlichkeitsschichten ihre normalen Reifungsprozesse durchlaufen. Dieses kindische Verhalten hat nichts zu tun mit dem, was die Evangelisten oder Paulus Ziel der Gottesbeziehung nennen: Kindsein vor Gott, Sohnschaft.

Man darf religiöses Tun nicht einfach neben sonstige Aktivitäten stellen. Beten heißt nicht, von einer Tätigkeit zur andern überwechseln. Sich die Nähe Gottes bewußt machen, meditieren, ein inneres Gespräch eröffnen, läßt uns in eine tiefere Dimension eintreten als in jene, in der wir uns für gewöhnlich befinden. Aus dem Raum des Machens müssen wir hineingehen in den Raum des Lassens, des Sich-Loslassens, des Nicht-Tuns, was nicht Nichtstun bedeutet.

Bleiben wir beim Bild des hl. Johannes: Ein Kind auf dem Arm der Mutter tut viel. Es kann innerlich wachsein, schauen, hören, Nähe erfahren. Nur die Richtung bestimmt es nicht, in die gegangen wird, es vertraut darauf, im Getragenwerden ans Ziel zu kommen. Der Mensch einer machbaren Welt sollte einsehen, daß ihm das Letzte unverfügbar bleibt, daß sein Können nur dann nicht scheitert, wenn es in einem größeren Zusammenhang geborgen ist. Zur Reife des Christen in der Welt muß die Erfahrung treten: Gott ist kein Kinderschreck, kein Herr, der Abzahlung von Schulden verlangt, Gott ist ein Mysterium, in das hinein man sich fallen lassen soll. Alle Worte, die in das Schweigen Gottes gesprochen werden, gelangen durch dieses Schweigen in eine tiefere Dimension. Der Mensch darf sich nach Johannes keinen Gott durch Nachdenken oder Überlegen machen; er muß eintreten in das Geheimnis, in dem Gott sich ihm schenkt, wie er ist.

Im Sich-Gott-Überlassen gibt es keine Berechnung, kein Vorauswissen. Oft sieht der Meditierende nichts, hört er nichts, weiß er nichts, und doch spürt er, daß er in diesem dunklen Vertrauen Gott näher ist als im kleinen Licht eigener Erkenntnis. »Sieht der Kontemplative auch keine Fortschritte... schreitet er doch weiter, als wenn er sich nur auf eigenen Füßen bewegte. Gott trägt uns in seinen Armen voran. Daher empfinden wir das Schreiten nicht, obgleich wir im Schrittmaß Gottes dahingetragen werden... Gott ist der Wirkende... Was er im Innern formt, ist den Sinnen unzugänglich. Es vollzieht sich im Schweigen – wie der Weise sagt: ›Der Weisheit Worte werden im Schweigen empfangen‹ (Koh 9,17). Der Mensch überlasse sich den Händen Gottes. Er liefere sich nicht den eigenen Händen aus.«[9]

Ähnliches sagt ein japanischer Christ, der durch die Schule des Johannes vom Kreuz gegangen ist: »Johannes Damaszenus nennt das Gebet eine Erhebung des Herzens, Augustinus spricht vom Dialog mit Gott, Teresa von Ávila von einer Freundschaft. Diese Begriffe können wir die äußere Seite des Betens nennen. Stellen wir ihr eine Innenseite gegenüber, ist das Gebet nicht Gespräch, sondern Schweigen, nicht Erhebung des Herzens, sondern Versenkung in Gott. Wir können noch weiter gehen, indem wir nicht nur das Herz, sondern auch den ganzen Leib in Gott versenken, ganz in Gott ruhen. In diesem Beten zerbrechen wir uns nicht den Kopf über Gott, sondern lassen unser Herz in Gott ruhen.«[10]


*Schweigen*

Johannes vom Kreuz erkannte den Wert inneren Schweigens. Für dieses Schweigen gebraucht er Begriffe wie: Sich-tragen-Lassen, Leerwerden, Nichtsehen, Glauben. In der Sprache Teresas von Ávila heißt dies: »Gott will, daß unser Inneres einsam sei, lauter und voll Verlangen nach seinem Trost.«[11] Diesen Begriffen entsprechen bei beiden Heiligen weitere wie: Ruhen, Nicht-Tun, In-die-Tiefe-Gehen. Diese Haltungen sind der aktive Beitrag, den der Beter selbst leisten kann. Je weiter er sich von der Tätigkeit seiner nach außen gerichteten Sinne entfernt, um so aufmerksamer wird er für das Wirken des Geistes im Innern des Herzens. Die Sinne sind die Schale, die der Betende durchbrechen muß, um zum vollen Mannesalter Christi heranzureifen. »Wollte der Mensch an den Sinnen haften bleiben und sie nicht loslassen, so hörte er nie auf, ein kleines Kind zu sein. Er redete stets von Gott wie ein Kind, und wüßte um Gott wie ein Kind und dächte von ihm wie ein Kind. Hielte er sich bei der Schale auf, den Sinnen, die dem Kinde entsprechen, so käme er nie zum Wesen des Geistes, das dem vollendeten Manne entspricht... Das Kind muß ja auch die Brust lassen, um den Gaumen für eine gehaltvolle, kräftige Kost zu bereiten.«[12]

Diese gehaltvolle Nahrung ist das innere Schweigen, das Sich-Führenlassen vom Geiste Gottes. Mit Ironie bemerkt Johannes: »Ich staune über das, was heutzutage vor sich geht. Manche bilden sich ein, wenn sie nur ein bißchen gesammelt sind und etwas in sich wahrnehmen, käme das von Gott. Sie setzen dies einfach voraus und sagen: ›Gott sagte mir‹, ›Gott antwortete mir‹. Dabei ist es gar nicht so, sondern sie sprechen zu sich selbst.«[13]

Religiöse Naivität gab es nicht nur im 16. Jahrhundert, sie ist auch heute anzutreffen. Christus-Nachfolge, Selbstentäußerung, Bereitschaft für den Nächsten können leicht umfunktioniert werden in eine emotionale Euphorie, in der der Beter mit Gott spricht, als wäre dieser ein Biedermann, dem man auf die Schulter klopfen könne. Worte reden, Gefühle haben – das brauchen nicht unbedingt Zeichen einer echten Beziehung zu Gott zu sein. Bei aller Nähe zum Vater, die uns Christus gelehrt hat, darf die ehrfürchtige Distanz, das Wissen um das Ganz-anders-Sein des göttlichen Du nicht verlorengehen. Diese Distanz lernt man im Schweigen, im Erfahren, was Gott nicht ist, in einer unermüdlichen Einübung in diese Haltung. Spon-

tanes Sprechen zu Gott muß getragen sein von der Disposition des Sicheinübens in die Nähe Gottes, in ein Sich-
Bewußtmachen, wer Gott ist und wer der Mensch ist.

Gleich vielen Meistern des geistlichen Lebens wie Dionysius, Eckehart, Tauler, Teresa, betont Johannes die Übung
des inneren Schweigens. Dieses Schweigen knüpft an die
Worte Christi an, wir sollten beim Beten nicht viele Worte
machen (Mt 6,7). »Als die Jünger Jesus baten, er möge sie
das Beten lehren, hätte er ihnen sicher alles dazu Notwendige gesagt. Er aber lehrte sie nur die sieben Bitten des
Vaterunsers. In ihnen sind alle unsere geistlichen und zeit-
lichen Bedürfnisse eingeschlossen. Jesus sagte, man solle
beim Beten nicht viele Worte machen. Er trug uns nur
dringend auf, im Gebet auszuharren und nicht nachzulas-
sen (Lk 18,1).«[14]

## Ruhigwerden

Wie oft ist zu hören, der Christ dürfe in der Meditation, im
Gebet keinen Trost, keine Süßigkeit suchen. Christus
habe am Kreuz die Erlösung vollbracht, das Siegel wahren
Christseins sei das Ertragen von Leiden. In dieser Ansicht
ist durchaus Wahrheit enthalten, die man mit Worten des
Heiligen belegen kann. Schon in der natürlichen Ordnung
der Liebe gilt: Wer nur Trost sucht beim Partner, beim
Anvertrauten, ist Egoist, sucht eher sich selbst als das Du
des andern. Trotzdem muß man sagen: »Das Entschei-
dende läßt sich nicht nur nicht machen, es läßt sich auch
nicht erleiden... denn wichtiger, als was durch mich geschehen kann und was durch mich nicht geschehen kann,
ist jenes, was schon von Gott her geschehen ist.«[15] Auch
bei den geistlichen Lehrern überwiegen die Anweisungen,
die von der Trostsuche, von der Freude in Gott sprechen.

Da Gott Licht, Freude, Friede ist, muß er sich auch auf diese Weise bemerkbar machen. Daß Gott auch als Finsternis, Abwesenheit, Dunkelheit, Trockenheit erfahren wird, liegt nicht an ihm, sondern an der hinfälligen, wenig aufnahmebereiten Natur des Menschen. Um diese Struktur zu verwandeln, bedarf es einer klugen, der Situation gemäßen Einführung und Einübung.

Johannes vom Kreuz geht mit dem suchenden Menschen den Weg von unten, von seiner menschlichen Verfaßtheit her. »Gott«, sagt er, »vollendet den Menschen auf menschliche Weise und führt ihn von unten und außen her zum Erhabenen und Innerlichen. Gott geleitet den Menschen von Stufe zu Stufe bis ins Innerste. Nicht als müßte diese Ordnung der Reihe nach genauso eingehalten werden. Manchmal wirkt Gott das eine ohne das andere und statt des mehr Innerlichen das weniger Innerliche, oder alles zugleich, je nachdem er sieht, was dem einzelnen gut tut, oder wie es ihm eben gefällt.«[16]

Ähnlich wie Teresa ist Johannes, was das innere Leben betrifft, für Wiederholung und Einübung. Beide betonen, daß beim einzelnen Menschen die Disposition sowie das Einwirken Gottes verschieden sind. Man kann also keine starren Regeln aufstellen. Entscheidend ist für Johannes, das eigene Innere zu beruhigen und zum Gleichmut zu erziehen: »Unser Wesen ist so haltlos und gebrechlich, daß wir auch als Wohlgeübte es kaum vermeiden werden zu straucheln, wenn wir uns an das erinnern, was das Gemüt verwirrt und aufregt. Kämen uns solche Dinge nicht in den Sinn, so blieben wir in Frieden und Ruhe.«[17]

Man kann beim Beten keine Erleuchtung oder Umwandlung erwarten, außer Gott gäbe sie selbst. Es ist schon viel, wenn der Übende den Mut aufbringt, sich beim Beten äußerlich und innerlich in Ruhe zu versetzen, um sich für das Wirken Gottes offenzuhalten. »Wenn du stille würdest, wäre dir geholfen«, sagt Meister Eckehart. Und Pascal bemerkt, alles Unheil des Menschen rühre davon her, daß er nicht allein auf einem Zimmer bleiben könne.

Diese Aussagen sind nicht im Zeitalter der Zivilisation, der Hektik in allen Lebensbereichen gesprochen. Unruhe, innere Zerrissenheit, Friedlosigkeit sind Elemente des menschlichen Daseins. Auch in früheren Zeiten gehörte Mut dazu, sich zeitweilig zurückzuziehen, um in Ruhe und Stille auf Gott zu warten. Die Worte C. Fr. von Weizsäckers: »Ohne die ständige Rückkehr zur Stille könnte ich nicht leben«, zeigen das Anliegen des Johannes. Beten in der Tiefe, Einssein mit Gott beginnen für ihn dort, wo der Mensch auf eigenmächtiges Tun, auf den Lärm seiner Gedanken verzichtet und sich schweigend von Gott tragen läßt. Unser heutiges Sprechen von Meditation kommt dem nahe, was Johannes Leersein für Gott, liebevolles Aufmerken, Berühren Gottes nennt. Der Begriff Meditation bedeutete im 16. Jahrhundert diskursives Nachdenken, Überlegen.

»Einige versteifen sich darauf, durch Meditation oder Nachdenken voranzukommen. Dabei bauen sie zu sehr auf ihre eigenen Kräfte. Das ist ein Fehler. Denn in der Nacht des Geistes leitet Gott den Menschen auf einem anderen, durchaus verschiedenen Weg, dem der Kontemplation. Der eine ist ein Weg vergegenwärtigenden Nachdenkens, der andere hat nichts mit Betrachten und Überlegung zu tun. Man muß dem Innern die entspannte Ruhe zugestehen, auch wenn wir überzeugt sind, die Zeit im Nichtstun zu verlieren. Das einzige, was man in diesem Zustand tun kann, ist dies: man soll das Innere frei lassen von Wahrnehmungen und Gedanken, Meditationen und Erwägungen und sich ausschließlich hingeben an ein liebevolles und friedvolles Innewerden Gottes.«[18]

Der aktiven Nacht, in der der Betende von sich aus tut,

was er kann, um ruhig, frei und gelassen zu werden, entspricht die Nacht des Geistes, in der das Licht Gottes im aufnehmenden, aber noch nicht verwandelten Menschen als Finsternis empfunden wird. Johannes möchte den Beter wach machen für die Nacht des Geistes.

Für das Sich-Offenhalten vor Gott gebraucht er moderne Begriffe wie: Sich-Entspannen, Nicht-Tun, Freilassen, Im-Frieden-Sein. Der heutige Mensch ist hellhörig für solche Werte, weil er erfahren hat, daß Glaube an Gott, Vertrauen in die Heilsbotschaft Jesu unverbindlich bleiben, wenn der Gottsucher nicht da abgeholt wird, wo er steht. K. Rahner sagt dazu: Gott hat den Menschen als ein Wesen erschaffen, das fähig ist, aus einem Urvertrauen heraus zu leben. Daher kann der Mensch sich überhaupt erst im Glauben Jesus Christus öffnen. Gott wirkt nicht gegen die Natur.

»Es gibt geistliche Führer, die kein Verständnis haben für Menschen, die sich in friedvoller Kontemplation befinden. Weil sie selber nicht so weit gelangt sind und nicht erfahren haben, was es heißt, über das ruhelose Nachdenken hinauszugelangen, meinen sie, die andern täten nichts... Solche Führer wissen nicht, was Geist ist. Sie handeln überaus ehrfurchtsvoll gegenüber Gott, da sie mit ihrer plumpen Hand in das Werk seiner Hände hineinpfuschen. Es hat Gott viel gekostet, jene Menschen so weit zu fördern... Er kann jetzt zu ihren Herzen sprechen, wonach er sich immer sehnt. Jetzt kann er sein Werk vollenden und im Innern der Seele herrschen in der Überfülle des Friedens.«[19]

Der geistliche Führer wirkt mehr durch sein Sein als durch seine Ratschläge. Ehe er andere das Beten lehrt, muß er selbst den Frieden Gottes erfahren haben. Dieses ruhige In-Gott-Verweilen ist für Johannes wahre Liebe, denn Liebe hat Zeit für ein Du. »Nichts ist besser und notwendiger als die Liebe. Ein wenig lautere Liebe ist vor Gott wertvoller, für die Kirche nützlicher als alle anderen Werke zusammen. Die allzu Geschäftigen sollen bedenken: Wenn sie nur die Hälfte ihrer Arbeitszeit im Gebet zubringen würden, wären sie Gott wohlgefälliger und ihr Vorbild wirksamer. Gute Werke werden einzig aus der Kraft Gottes gewirkt.«[20]

## Nicht-Tun

Einer der größten Vorwürfe, den man Johannes vom Kreuz und Teresa machte, bestand darin: stille Meditation, inneres Beten ohne sichtbaren Vollzug sei vertane Zeit, Müßiggang, gefährlich für das Glaubensleben. Solche Einwände werden auch heute vorgetragen. Es gibt aktive Christen, denen es unbehaglich wird, wenn in der Liturgie oder beim gemeinsamen Beten Stille eintritt, wenn sie einmal aufhören sollen, vor Gott Worte zu machen.

Nach einer Schweigeübung tauschten die Beteiligten ihre Erfahrungen aus. Eine Frau sagte: »Ich wußte plötzlich nicht, was ich in der Stille anfangen sollte, da betete ich schnell den Rosenkranz.« Diese Aussage ist bezeichnend für die Bewußtseinslage vieler Christen. Sie sind an vorgelegte Gebetsformeln gewöhnt, ohne eigentlich personal mit Gott umgehen zu können. Nur fünf oder zehn Minuten Stille versetzen sie schon in Angst oder Unbehagen. Das ist kein Urteil über das Beten dieser Menschen. Teresa von Ávila sagte, man könne auch beim mündlichen Beten in tiefste Kontemplation gelangen. Es ist aber ein Signal, wie wenig oft Beten personal eingeübt und mehr als Leistung und Opfer angesehen wird.

»Der triebhafte Mensch ist immer unzufrieden und mürrisch wie ein Hungriger. Was aber ist der Hunger, den alle

Geschöpfe nicht stillen können, im Vergleich zur Sättigung, die Gottes Geist bewirkt? Diese unerschaffene Sättigung kann in das Herz nicht eindringen, ehe der erschaffene Hunger des Begehrens nicht aus ihm vertrieben ist.«[21] Schweigen und Ruhigwerden vor Gott wandeln nach Johannes den Menschen aus einem mürrischen, habenwollenden Wesen zu einem friedvollen, schenkenden. Eine Zeitlang nichts tun und von Gott alles erwarten, heißt für ihn nicht, träge dahindösen, sondern innerlich wach werden für die Sättigung Gottes. Lustlosigkeit beim Beten rührt meist davon her, daß der Mensch etwas leisten will, aber innerlich taub bleibt. »Je mehr wir uns daran gewöhnen, uns im Gebet der Ruhe zu überlassen, um so mehr wächst sie und um so stärker erfahren wir jenes liebevolle, allgemeine Erkennen Gottes, an dem wir größere Freude haben als an allen andern Dingen. Es bewirkt in uns mühelos Frieden, Freude und Seligkeit.«[22]

Johannes spricht von einem allgemeinen Erkennen Gottes, nicht von einer Fixierung des Betenden auf einen bestimmten Inhalt. Nicht als ob er Betrachtungen über das Leiden und die Auferstehung Christi abgelehnt hätte. Aber er möchte uns weiterziehen. Er sagt, wir sollten nicht dabei stehenbleiben. Denn auch das schönste Bild von Christus ist nicht der Herr selbst, sondern unsere Vorstellung über ihn. »Der Verstand soll sich beim Beten nicht einmischen mit Betrachtungen und Vorstellungen oder irgendeiner Überlegung. Dies verursacht im Innern Unbehagen und Widerwillen. Haben wir Skrupel wegen unseres ›Nichttuns‹, bedenken wir: Es ist nichts Geringes, sein Inneres zu beruhigen und in Frieden zu versetzen, ohne etwas zu tun oder zu begehren. Dies wünschte der Herr von uns, da er durch David sprach: ›Lernet leer zu sein von allen Dingen, und ihr werdet sehen, daß ich Gott bin‹ (Ps 45,1).«[23]

Johannes vom Kreuz betont einen inneren Raum der Leere, des Freiseins von allem Haften an die Dinge. Er ermutigt den Betenden, seine Zweifel aufzugeben, ob sein Nichttun recht oder falsch sei. Entscheidend ist, daß das Bewußtsein des Menschen leer ist von allem Gedankengeräusch. »Niemals fehlt uns das Licht. Doch wegen der Bilder und Hüllen, mit denen wir unser Inneres beschweren, strömt es nicht ein. Entfernen wir Hindernisse und Hüllen, so daß wir in reiner Entblößung und Armut des Geistes verbleiben, dann bildet sich unser einfach und lauter gewordenes Herz um in die einfache, lautere Weisheit, die Gottes Sohn ist. Sobald dem Liebenden das Natürliche fehlt, ergießt sich das Göttliche in ihn – auf natürliche und übernatürliche Weise –, denn die Natur bleibt nie leer.«[24]

Die Erfahrung innerer und äußerer Leere ist nicht Selbstzweck. Gott liebt seine Schöpfung und alles, was darin ist. Reine Entblößung ist nicht ein Verlassen der Dinge, weil sie schlecht wären oder in sich Hindernisse. Entblößung und Leere bewirken, daß die Dinge für uns den richtigen Stellenwert bekommen. Wir begehren sie nicht, wir lassen sie, wie sie in sich sind. Der innerlich leere Mensch ist der arme, dem nichts gehört und doch alles zuteil wird, weil der Geist Gottes mit Macht in sein gereinigtes Inneres eindringen kann.

Selbst Empfindungen des Friedens und der Freude, die Johannes so wichtig sind, sind dem Gesetz der Leere unterworfen. Es gibt keine greifbare Sicherheit in diesem Leben. »Glaubt jemand, die Nähe Gottes stark zu empfinden, hat das noch nichts mit Gottes Wesen zu tun. Gott bleibt dem Menschen verborgen und als Verborgenen soll er ihn suchen. Wie tief die Erfahrung auch sein mag, so wird man doch nicht mehr von Gott ergriffen. Ist man Dunkelheit, Trockenheit und Trostlosigkeit preisgegeben, darf man nicht annehmen, Gott sei ferner als bisher.«[25] Hier liegt die Wurzel der Lehre von der aktiven und passiven Nacht der Seele. Der Betende hat es nicht in der Hand, ob er in seiner Meditation Frieden oder Trostlosigkeit, Licht oder Dunkel erfährt. Die subjektive Erfahrung hängt von vielerlei Faktoren ab. Auch Teresa sagt, daß der Mensch, der in das Innerste der Seelenburg eingedrungen ist, nicht immer Frieden und Freude erfährt, wenn er auch immer wieder dahin zurückkehrt.

Die menschliche Situation ist eine vorläufige: »Solange jemand das, was er liebt, nicht hat, gleicht er einem leeren Gefäß, das auf sein Ausgefülltsein wartet, dem Hungrigen, der nach Speise lechzt, dem Kranken, der nach Genesung stöhnt, dem in der Luft Hängenden, der nirgendwo Fuß fassen kann. Dies erfährt, wer von Liebe zu Gott ergriffen ist... Die Liebe zu Gott ist die Gesundheit der Seele. Solange die Liebe nicht vollkommen ist, ist die Seele krank.«[26]

Wer könnte von sich sagen, daß er vollkommen liebe, vollkommen bete? Johannes ist nüchtern. Je tiefer der Betende in die Kontemplation, das innere, bewußte Bei-Gott-Sein eindringt, je freudiger und gelassener er wird – immer bleibt er bis zuletzt ein Armer, Hungriger, Kranker, der auf die Hilfe Gottes angewiesen ist.

## Nicht-Sehen

»Dringt die dunkle Nacht in das Innere des Menschen ein, ordnet sie seine Leidenschaften. Sie stärkt und läutert die auf Gott gerichteten Neigungen und beseitigt oder dämpft die nur sinnlichen.«[27] »Von der Nacht des Geistes sagt David: ›In der wasserlosen, weglosen Wüste erschien ich vor dir, um deine Kraft und Herrlichkeit zu sehen‹ (Ps 62,3)... In der dürren Öde dieser Nacht wird man demütig. Hier ist der Ursprung der Nächstenliebe. Jetzt schätzt man den Nächsten und verurteilt ihn nicht mehr wie zuvor, als man nur sich von Liebe entflammt sah und andere nicht. Nichts kennt man mehr als die eigene Armseligkeit.«[28]

Johannes vom Kreuz geht es immer um Glauben an Jesus Christus, Eingehen in Gottes Herrlichkeit. Glauben heißt für ihn, sich bedingungslos einem Größeren anvertrauen. Der Raum des Glaubens wird als Ort der Liebe erfahren, wenn das Nicht-sehen-Wollen ernst genommen wird. »Ein Blinder, der nicht ganz blind ist, läßt sich vom Blindenführer nicht gerne leiten. Wenn er nur ein bißchen sieht, meint er, der Pfad vor ihm sei der beste. Er sieht ja die anderen, besseren nicht.«[29] Johannes verlangt also eine radikale Entscheidung, die darauf vertraut, Gott und die Dinge in einer ganz neuen Weise geschenkt zu erhalten.

Das Leben ist ein Risiko. Es gleicht einer Wanderschaft, auf der der Mensch jederzeit bereit sein muß, sich Neuem zu öffnen. Er hat keine Zeit, sich am Weg ein Nest zu bauen, sich im Blumenpflücken zu verlieren. Der Weg durch die dunkle Nacht des Geistes ist hart, aber trotzdem süß dem, der ahnt, daß sein Nicht-Sehen zu ungeahnten Ausblicken führen wird. »Der Wanderer, der sich zu neuen, unbekannten, unerforschten Gebieten aufmacht, dringt auf neuen, unbekannten Wegen vor. Er wird nicht durch das geführt, was er vorher wußte, sondern er geht in Zweifel und auf Aussage anderer. Er könnte nicht zu neuen Ländern gelangen, wenn er nicht auf neuen, nie erforschten Wegen zöge. Alles Bekannte läßt er hinter sich.«[30]

Meditation ist ein wagemutiges Ausschreiten im Vertrauen auf die Erfahrung anderer. Es ist nicht ein Fortge-

hen aus dieser Welt und ihrer Schönheit, sondern ein Zuge-
hen auf sie von einer Tiefendimension her, die zur Verwandlung und Verklärung der Welt beiträgt. »Die dunkle
Nacht ist eine gnadenvolle Einwirkung Gottes auf das Innere des Menschen. Hier wird er von seiner Unwissenheit
und seinen alltäglichen Fehlern geläutert... Diese heilbrin-
gende Nacht verdunkelt den Geist nur, um ihm alle Dinge
zu erhellen. Sie demütigt ihn, um ihn aufzurichten und
hoch zu erheben. Sie macht ihn arm und leer von allem
natürlichen Besitz, damit er in göttlicher Unbegrenztheit
das Transzendente verkosten kann.«[31]
Der Mensch, auch der religiöse, neigt zu Fixierungen, zu
Gewohnheiten, zum Haften an Hergebrachtem. Dies mag
für vieles gut sein, aber im letzten darf die Freiheit des
Geistes, die in der Meditation entfaltet wird, nicht ge-
hemmt werden. »Wir müssen uns an die Antwort Christi an
die Samariterin halten, die ihn fragte, wo der rechte Ort
zum Beten sei, im Tempel oder auf dem Berg. Er antwortete
ihr, das wahre Gebet sei weder an den Berg noch an den
Tempel gebunden. Die Anbeter, die im Geist und in der
Wahrheit anbeten, gefallen dem Vater (Joh 4,23f).«[32]
Nicht-Sehen schließt auch Nicht-Verstehen ein. Die Meditation in der Dunkelheit des Vertrauens besagt Einwilli-
gung, daß ein anderer meinen Weg besser kennt als ich.
»Um zu Gott zu gelangen, muß man mehr im Nichtverstehen als im Verstehen wandeln. Man muß das Wandelbare
und Faßbare hingeben für das Unwandelbare und Unfaßbare.«[33] Das Unfaßbare, Transzendente übersteigt unsere
Erfahrung, ist Geschenk. »Das Verlassen des Weges ist das
Betreten des Weges; besser gesagt, der Hindurchgang zum
Ziel. Das Lassen der eigenen Weise ist das Eingehen ins
Ziel, das keine Weise hat, es ist Gott. Der Mensch, der
diese Stufe erreicht hat, hat keine eigenen Weisen mehr, er
hängt nicht daran und kann nicht daran hängen – ich meine

an der Eigenart seines Verstehens, Verkostens, Empfindens. Dennoch schließt er alle diese Weisen in sich ein, wie jemand, der nichts besitzt und doch alles besitzt.«[34]

## Glauben

Im Glauben an Jesus Christus reift für Johannes vom Kreuz, was er sich für den meditierenden, sich in Gott und die eigene Nichtigkeit versenkenden Menschen wünscht. Glauben bedeutet für den wissenwollenden Geist bedingungslose Übergabe, Eintreten in ein uns unendlich Übersteigendes, dessen Wirken wir uns ausliefern. »Wer wollte Gott hindern, im gelassenen, von allem entblößten Innern zu wirken, was er will? Darum soll der Mensch sich leer halten... gestützt auf den dunklen Glauben, durch ihn geführt und erleuchtet. Er soll sich nicht stützen auf das, was er begreift, verkostet, fühlt, ersinnt. All dies ist Finsternis, die irreführt; der Glaube aber ist über allem Verstehen und Verkosten und Empfinden und Sichvorstellen.«[35]

Was die eigentliche Mitte der Person ausmacht, das centro, das Teresa und Johannes gemeinsam suchen, wird im Glauben am tiefsten erfahren. »Verlange um Christi willen, in volle Blöße und Leere und Armut an allem, was es in der Welt gibt, einzugehen... In dieser Blöße findet der Geist Ruhe und Trost. Begehrt er nichts, so treibt ihn nichts aufwärts und drückt ihn nichts abwärts, denn er ruht in der Mitte seiner Demut. Das Verlangen nach etwas macht ihn müde.«[36]

Der Mensch, der nicht nur darum weiß, sondern auch erfährt, wer er ist und wer Gott ist, der weiß, daß er getragen, geführt wird, leer von Vorstellungen und Wünschen, ruht in sich selbst, ist demütig, das heißt in der eigenen Wahrheit. Diese Erfahrung der Mitte ist Trost, Identität,

Wissen um das So-Sein in Christus, der uns Helfer und Vorbild ist.

»Wer das Glück hat, im Dunkel des Glaubens zu wandeln, und ihn zum Blindenführer wählt, entrinnt allen Einbildungen und geistigen Spekulationen und geht ganz sicher dahin.«[37] Johannes lehrt eine Theologie der inneren Leere »um Christi willen«. Der Abstieg Christi in Dunkelheit und Nichtverstehen setzt sich fort im glaubenden, hoffenden, liebenden Menschen. Leere, Fallenlassen der eigenen Weise, Ruhig- und Stillwerden führen den Meditierenden in Dunkelheit, aber dieses Dunkel ist trostvoll, weil der Mensch erst jetzt in seine wahre Mitte, in die Nähe der Transzendenz gelangt.

Der Glaube ist ein Abgrund, der den Menschen aus sich herauswirft in eine neue, wenn auch noch verborgene Herrlichkeit. Unermüdlich wiederholt Johannes: »Je mehr der Mensch bestimmte Eindrücke festhält, um so weniger ist er fähig und bereit, in den Abgrund des Glaubens einzugehen. Keine Form oder Kenntnis, die dem Gedächtnis übernatürlich zuteil werden kann, ist Gott. Und von allem, was nicht Gott ist, muß das Innere des Menschen leer sein, um zu Gott zu gehen. Denn bei Gott erreicht man um so mehr, je mehr man erhofft. Man erhofft aber um so mehr, je weniger man besitzt.«[38]

Wer nichts besitzt, erhofft alles. Die Radikalität eines Ansatzes wie der des hl. Johannes vom Kreuz gibt sich mit nichts zufrieden als mit Gott. Alles, was der Mensch fühlen, ertasten, wissen, errechnen kann, ist nicht Gott. Meditation heißt, sich in das Nichts der Abwesenheit aller Vorstellungen zu begeben, um Gott nahe zu sein. Dieses Nichts wird zur Fülle in Christus. Die Welt, wie Gott sie schuf mit ihrer Vielfalt, wird hineingenommen in die Auferstehung Christi. Sie wird im Glauben verwandelt.

Die negative Theologie, deren Begriffe Johannes vom
Kreuz methodisch benützt, gipfelt für ihn in einer Theologie der personalen Liebe. Erfahrung von Dunkelheit oder
Trost, Finsternis oder Licht haben für den Liebenden die
Züge eines persönlichen Anrufs.

Hier hinein gehört die Erfahrung des Leids. Das Leidhafte
der Existenz wird bei Johannes nicht ausgelöscht, sondern
glaubend und hoffend durchschritten. Es ist ein Element
der Verwandlung. Leid ist so wertvoll, daß selbst Christus, der bevorzugte Sohn Gottes, sich nicht scheute, es
auf sich zu nehmen, nicht, weil er das Leid liebte, sondern
weil er uns kraft dieser äußersten Selbsthingabe erlösen
wollte. »Der Mensch geht im Finstern sicher, weil er durch
Leid geht. Der Weg des Leidens ist sicherer und fruchtbarer als der Weg des Genießens und Tuns. Im Leid erfährt
der Mensch Gottes Kraft, im Handeln baut er zu sehr auf
sich und wird schwach. Im Leiden wird er geläutert und
daher weise und besonnen.«[39]

Die Fähigkeit, Leid anzunehmen und zu tragen, ist das
Siegel der Echtheit für eine Liebe, die sich in der Gefolgschaft Jesu des Gekreuzigten und Auferstandenen
weiß. Zum Leidhaften der menschlichen Existenz gehört
auch, daß, bei aller Trosterfahrung im Gebet, Gott der
Verborgene bleibt.

Wichtig ist, daß sich der Mensch zu Ruhe und Stille erzieht. Schon Jesaja sagt: »In Umkehr und Ruhigbleiben
liegt euer Heil. In Stille und Vertrauen besteht eure Kraft«
(Jes 30,15), und Johannes ermuntert uns: »Freue dich und
frohlocke in deiner inneren Ruhe, da du Gott so nahe bist.
Hier liebe, hier verehre ihn. Mach dich nicht auf, ihn draußen zu suchen, du würdest dich doch nur zerstreuen und
ermüden. Du kannst ihn nicht sicherer, nicht schneller

und näher finden, nicht tiefer genießen als in dir. Eines bedenke: Weilt er auch in dir, so weilt er doch verborgen. Etwas Großes ist es, die Stätte des Verborgenen zu wissen, um ihn dort mit Sicherheit zu suchen.«[40]

Gott ist dem Suchenden und Liebenden in jeder Situation nahe. Da er den Menschen ernst nimmt, gehört es zur Ordnung des Lebens, daß der Meditierende einerseits Trost und Frieden empfängt und Gott für diese Mitteilung dankt. Aber er nimmt auch das Dunkle, Unbegreifliche, Hart-Erscheinende hin und trägt es im Blick auf den gekreuzigten Christus. »Bei Liebenden ist die Wunde des einen auch die des andern. Gleiches Fühlen lebt in beiden... Gott teilt sich dem Menschen nicht mit, damit er reich sei an Gotteserkenntnis, sondern um der Liebe willen... Die wahre und beständige Liebe kann dem, den sie liebt, nichts verbergen, Gott teilt dem Menschen die Geheimnisse der Menschwerdung und seine Wege zur Erlösung mit.«[41]

Die Stille des Bei-Gott-Verweilens läßt den Meditierenden das Erlösungwerk Gottes besser verstehen, als wenn er sich viele Gedanken darüber gemacht hätte. »Seltsam ist die Eigenart von Liebenden. Sie wollen lieber allein sein als in Gesellschaft. Sind Fremde da, kann sich die Liebe nicht voll mitteilen. Liebe ist Einheit von zweien.«[42] Die Lehre des Johannes über Kontemplation verweist auf eine Erfahrung der Identität von menschlicher und göttlicher Liebe, ohne den seinshaften Unterschied aufzuheben. Was Kennzeichen personaler Verbundenheit zwischen zwei Menschen ist, überträgt Johannes auf seine Erfahrungen mit Christus und Gott. Einsamkeit, Schweigen, Vergessen sind notwendige, aus der Konsequenz der Liebe hervorgehende Elemente. »Wegen der Süßigkeit der Worte Gottes vergaß die Samariterin Brunnen und Krug.«[43]

Doch die Samariterin beließ es nicht dabei, sondern der

zweite Schritt war, daß sie zu ihren Freunden eilte, um ihnen die neue Botschaft von Gott zu verkünden. Die Verwandlung der Liebenden ist so groß, daß Zweiheit nicht mehr wahrgenommen wird, wenn sie auch weiterhin besteht: »Alle, die vom Geiste Gottes getrieben werden, sind Kinder Gottes‹ (Röm 8,14). Daher ist die Erkenntnis solcher Menschen Erkenntnis Gottes, ihr Wille Gottes Wille, ihr Gedächtnis Gottes Gedächtnis, ihre Seligkeit nichts als Gottes Seligkeit. Ihr Wesen ist aber nicht Gottes Wesen, ihr Sein wird nicht in Gott verwandelt. Doch wenn Gott den Menschen in sich hineinzieht, ist dieser Gott durch Teilhabe... Sein Tod ist umgewandelt in Gottes Leben.«[44]

Meditation, Einübung in das Schweigen, Wachsein für Gottes Wort in uns, tragen Elemente des Sterbens in sich: Verzicht, Entblößung, Leere, Fortgehen von den Geschöpfen. Dieser Tod ist jedoch nicht das Letzte, auch nicht die täglichen Erfahrungen des Menschen an Leid, Hinfälligkeit, Schwachheit. Für den Meditierenden werden sie umgewandelt in Gottes Herrlichkeit. »Gott ist es, der alles in uns wirkt. Wie wenn einer aufwacht und tief Atem holt, so fühlt der Mensch in seinem Innern eine überirdische Freude... Davon will ich nicht künden, weil ich klar sehe, daß ich es nicht aussprechen kann. Worte reichen hier nicht aus... Gott versenkt den Menschen bis zur letzten Tiefe in den Heiligen Geist... Sein Wehen erfüllt ihn mit Heil und Herrlichkeit und entzündet in ihm Liebe über alles Sagen und Sinnen hinaus, bis hinein in die göttlichen Tiefen.«[45]

# III. Edith Stein

## 1. Von Gott betroffen

Hören wir nicht oft, auch von christlicher Seite, der Mensch sei zu einer echten Gotteserfahrung, zum Erleben der Transzendenz nicht mehr fähig? Wie rasch ist man philosophisch, theologisch oder psychologisch der Auffassung, diese Erfahrungen gehörten in den Bereich des Mythos. Nach Ansicht des Theologen Josef Ratzinger sind solche Urteile übereilt und können leicht durch glaubwürdige Zeugnisse vieler Männer und Frauen widerlegt werden.

Der Lebensweg Edith Steins bietet uns ein Modell, wie auch wir Menschen des 20. Jahrhunderts, durch alle Anfechtungen und Wirrnisse hindurch, *den* erfahren können, der unser Herz unruhig gemacht hat, damit es ruhe in ihm (Augustinus). Die Etappen Edith Steins geistig-seelischer Entwicklung sprechen den modernen Gottsucher an: Jüdin – Atheistin – Studentin – Rote-Kreuz-Schwester – Philosophin – Konvertitin – Lehrerin – Wissenschaftlerin und Rednerin in Frauenfragen – Dozentin an einer pädagogischen Hochschule und zuletzt Karmelitin und Martyrin mit ihrem Volk in den Gaskammern von Auschwitz. Das ist der Lebensweg eines Menschen, der sich an den Fragen unserer Zeit nicht vorbeigedrückt hat, der offen war für Ansprüche und Nöte unserer Gesellschaft, der ganze Arbeit geleistet hat und nach Wegen Ausschau hielt, nach denen unsere Zukunft menschlicher und sinnvoller gestaltet werden kann. Wenn wir Edith Stein fragen könnten, aus welcher Grundhaltung heraus sie dieses reiche

Lebensprogramm bis zu ihrem Tod entfaltete, so würde sie uns wohl als erstes ihre unerbittliche Suche nach Wahrheit, nach dem Sinn des Lebens nennen. Als sie als junger Mensch den Glauben an einen die Welt transzendierenden Gott noch ablehnte, geschweige denn eine Erfahrung von ihm hatte, bemühte sie sich, wahrhaftig, selbstlos und sozial zu sein. Wahrhaftig, indem sie es verabscheute, um eines Vorteils willen Unwahres zu sagen oder zu tun. Sie nannte sich Atheistin, weil der Gott ihres jüdischen Glaubens für sie nicht existierte. Sie verhielt sich selbstlos und sozial, indem sie sich als Schülerin und Studentin mitfühlend und helfend für andere einsetzte. Früh wurde sie in ihrer Familie und von Freunden um Rat gefragt und wegen der Festigkeit ihres Charakters geschätzt.

Und doch fehlte der jungen Studentin etwas Wesentliches. Sie war bescheiden, aber auch selbstsicher. Sie war freundlich und hilfsbereit, aber auch gewohnt, daß man zu ihr aufschaute, daß sie etwas zu geben hatte. Sie war innerlich einsam und hungerte nach einem Lebenssinn. Daß ihr dieser fehlte, ging ihr erschreckend auf beim Psychologiestudium in Breslau (1911). Die Psychologie jener Zeit war eine »Psychologie ohne Seele«. Sie überließ es dem einzelnen, ob er sich hinter den Sinneswahrnehmungen eine geistige Einheit, einen Sinn, eine Seele vorstellen wollte oder nicht. In ihrer Not stieß Edith Stein auf die Schriften des bedeutenden jüdischen Philosophen Edmund Husserl. Husserl bemühte sich um eine Wiederentdeckung des Geistes. Er forschte nach innerer Wesenserkenntnis, nach dem Sein der Dinge. Dadurch erzog er seine Schüler zur Ehrfurcht vor objektiven Werten, zur Vorurteilslosigkeit in der Betrachtung der Phänomene des menschlichen Daseins. Edith Stein erhoffte sich von Husserls Methode eine Antwort auf ihre Fragen und wechselte an die Universität

Göttingen über. Sie wurde eine der treuesten Schülerinnen des Meisters, erkannte aber, daß auch Husserl im letzten keine Antwort auf die Wahrheitsfrage hatte. Die Philosophie als strenge Wissenschaft, wie Husserl sie betrieb, war wie alles Menschliche Bruchstück und mit Irrtümern behaftet. Edith Stein war radikaler als Husserl. Sie wollte nicht im Subjektiven, im Reich der Ideen stehenbleiben, sie wollte ernst machen mit der Objektivität der Dinge.

Zwei Begegnungen in Göttingen führten die Suchende an die Schwelle einer neuen Welt – der Welt des Glaubens. Max Scheler, ein konvertierter Jude, hielt 1913 Vorlesungen über die Schönheit der katholischen Glaubenswelt. Zum erstenmal in ihrem Leben hörte Edith Stein etwas über Begriffe wie: Heiligkeit, Demut, Reinheit. Sie bekennt, daß diese Welt ihr unbekannt war, aber sie wollte sich diesen neuen Eindrücken sachlich und hörend stellen. Dem Glauben öffnete sie sich nicht, aber sie entdeckte, daß es Werte gab, an denen sie nicht einfach blind vorbeigehen konnte. Über die Schwelle des Glaubens führte sie eine zweite Begegnung, die Bekanntschaft mit dem Husserl-Schüler Adolf Reinach. Dieser zur evangelischen Kirche konvertierte Philosoph, der in seiner Umgebung einen unvergeßlichen Eindruck hinterlassen hat, führte Edith Stein zu einer Erfahrung, die die Grenzen der natürlichen Vernunft überstieg. Sie sagte darüber: »Ich war nach dieser ersten Begegnung (mit Reinach) sehr glücklich und von einer tiefen Dankbarkeit erfüllt. Es war mir, als sei mir noch nie ein Mensch mit einer so reinen Herzensgüte entgegengekommen. Daß die nächsten Angehörigen und Freunde, die einen jahrelang kennen, einem Liebe erweisen, schien mir selbstverständlich. Aber hier lag etwas ganz anderes vor. Es war wie ein erster Blick in eine ganz neue Welt.«[1]

Man kann hier von einer ersten Gotteserfahrung Edith

Steins sprechen. Gott offenbarte sich ihr durch die Liebe und Güte eines Menschen als der ganz Andere und doch ganz Nahe. Ihr Blick in die neue Welt vertiefte sich durch eine Erfahrung, die ihr bewies, wie sich die Liebe Gottes mitteilen kann und wie sie es einmalig getan hat im Todesleiden und in der Auferstehung Christi.

Im Jahre 1917 fiel Reinach in Flandern. Wie alle seine Freunde, war auch Edith Stein tief getroffen. Sie dachte vor allem an das Leid der jungen Witwe. Sie wurde gebeten, den Nachlaß des Gefallenen zu ordnen, und erklärte sich sofort dazu bereit. Aber sie hatte Angst vor der Begegnung mit Frau Reinach. Sie wußte nicht, was sie ihr zum Troste sagen sollte, weil sie nicht an ein ewiges Leben glaubte. Sie stellte sich Frau Reinach ebenso verzweifelt vor, wie sie selbst es war. Zu ihrer Überraschung war die Witwe keineswegs zerbrochen. Die schwergeprüfte Frau war kraft ihres christlichen Glaubens noch fähig, die Ungläubige und Zweifelnde zu trösten. Dieses Erlebnis überwältigte Edith Stein. Vor dem Anblick dieser von Hoffnung erfüllten Frau fielen ihre rationalistischen Vorurteile zusammen. Es ging ihr auf, daß nicht wissenschaftliche Erkenntnis den Menschen verwandelt, sondern ein Angerührtwerden von der Wahrheit selbst.

Diese Erfahrung Gottes prägte sich ihr so tief ein, daß sie noch kurz vor ihrem Sterben sagen konnte: »Es war dies meine erste Begegnung mit dem Kreuz und der göttlichen Kraft, die es seinen Trägern mitteilt. Ich sah zum erstenmal die aus dem Erlöserleiden geborene Kirche in ihrem Siege über den Stachel des Todes handgreiflich vor mir. Es war der Augenblick, in dem mein Unglaube zusammenbrach und Christus aufstrahlte, Christus im Geheimnis des Kreuzes.«[2]

Nun begann in Edith Stein ein heftiger Kampf. Gott selbst hatte das Innere der Ungläubigen angerührt; diese Erfahrung war so unmittelbar und lebendig, daß keine Argumentation der Vernunft sie hinwegdisputieren konnte. Aber der Mensch hat nicht nur Vernunft, sondern auch Willen, der alles, was die Vernunft ihm nahelegt, ablehnen kann.

Dieses Geheimnis der Willensfreiheit faßte Edith Stein in die Worte: »Ein überzeugter Atheist wird in einem religiösen Erlebnis der Existenz Gottes inne. Dem Glauben kann er sich nicht entziehen, aber er stellt sich nicht auf seinen Boden, er läßt ihn nicht in sich wirksam werden, er bleibt unbeirrbar bei seiner wissenschaftlichen Weltanschauung, die durch den Glauben über den Haufen geworfen würde.«[3] Mit psychologischer Schärfe beschreibt sie eine seelische Verfassung, die auch immer wieder die unsere ist. Wir stellen uns nicht den Konsequenzen, die sich aus den Erfahrungen, die wir mit Gott machen, ergeben. Wir handeln, als gäbe es diese Erfahrungen nicht, und suchen sie durch irgendeine vordergründige Sache zu verdecken.

Von 1917 bis 1921 rang Edith Stein mit diesem Zwiespalt, den sie mit einem »Todesschatten« verglich. Sie begann, das Neue Testament zu lesen, und frug sich, ob sie evangelisch oder katholisch werden sollte. Doch ihr Wille blieb gelähmt. Da geschah etwas Unerwartetes. Als sie zu einem Besuch bei ihrer Freundin Hedwig Conrad-Martius weilte, fand sie im Bücherschrank die Autobiographie Teresas von Ávila. Sie las sie in einem Zug, und als sie nach einer durchwachten Nacht das Buch schloß, sagte sie: »Das ist die Wahrheit.«

Edith Stein hatte ihr eigenes Ringen, ihre Nöte und Fragen im Werk der großen Spanierin wiedergefunden. Teresa von Ávila, die 1970 von Papst Paul VI. zur Kirchenlehrerin ernannt wurde, zeigte Edith Stein in meisterhafter Weise, daß wir weder Gott noch uns treu sein können, wenn wir nicht Antwort geben auf die Erfahrung Gottes. Gott ruft nicht, damit wir schlafen, sondern damit wir, als sprechende Wesen erschaffen, wach werden. Glauben war für Teresa nicht Fürwahrhalten der Existenz Gottes oder vorgelegter Glaubensartikel, sondern eine personale Beziehung zwischen Mensch und Gott. Unermüdlich mahnt sie, das Gespräch mit Gott, mit Jesus Christus zu üben. Beten war für sie nicht Hersagen von Worten, sondern Freundschaft, Erfahrung der göttlich-menschlichen Liebe.

Teresa half Edith Stein zu neuer Tatkraft, sie fühlte sich im Innersten verstanden. Am 1. Januar 1922 empfing Edith Stein die Taufe und hatte keinen anderen Wunsch mehr, als in den Karmel Teresas einzutreten. Ihre Freunde aber verstanden ihre Gotteserfahrung nicht. Staunend sahen sie Edith Stein in den Kirchen von Speyer oder Beuron stundenlang beten und meinten, das sei doch sehr viel. Sie forderten sie auf, ihre Begabung in den Dienst der Menschen zu stellen und nicht hinter Klostermauern zu verschwinden. Priester rieten ihr dasselbe. Edith Stein schwieg und gehorchte, nicht zuletzt deshalb, weil ihre strenggläubige jüdische Mutter zwei Schicksalsschläge auf einmal – Konversion und Klostereintritt – nicht ertragen hätte.

In zehn arbeitsreichen Jahren als Pädagogin, Übersetzerin des hl. Thomas von Aquin und Rednerin in Frauenfragen lernte Edith Stein, was es heißt, ja zu sagen zur Erfahrung Gottes und sich dennoch ausgeschlossen zu fühlen vom eigentlichen Berufsziel. Sie war sehr sparsam mit Worten über das, was sie von Gott erfuhr. Doch sie stellte fest, sie fühle sich seit ihrer Konversion wie »verwandelt«. Ohne es zu wissen, gebrauchte sie einen Ausdruck der mystischen Terminologie. Paulus, Augustinus, Teresa von Ávila, Therese von Lisieux, Charles de Foucauld und andere sprachen über ihre Beziehung zu Gott in ähnlichen

Worten. Indirekt, aus Briefen oder Schriften, können wir ahnen, wie intensiv Edith Stein die Freundschaft mit Gott gelebt hat, wie sehr es Geben und Nehmen war. Freunde und Schülerinnen spürten ihre Ausstrahlung, ihre Hingabefähigkeit, ihr radikales Ernstmachen mit der Botschaft Christi. In einem ihrer Vorträge sagte sie: »Es ist ein weiter Weg von der Selbstzufriedenheit eines guten Katholiken, der seine Pflichten erfüllt, eine gute Zeitung liest, richtig wählt, im übrigen aber tut, was ihm beliebt, bis zu einem Leben an Gottes Hand, in der Einfalt des Kindes und der Demut des Zöllners. Aber wer ihn einmal gegangen ist, wird ihn nicht wieder zurückgehen.«[4]

Die Einfalt des Kindes und die Demut des Zöllners machten Edith Stein nicht infantil oder weltfremd. Sie füllte ihren Platz als berufstätige Frau voll aus und suchte durch Pläne für eine Schulreform sowie neue Wege in der Frauenerziehung die Frau in die moderne Gesellschaft zu integrieren.

1933 verhalfen die Nationalsozialisten Edith Stein – ohne es zu wollen – zu ihrem eigentlichen Lebensziel. Nachdem ihr durch die Nichtarier-Gesetze eine weitere Tätigkeit am Deutschen Institut für wissenschaftliche Pädagogik in Münster unmöglich gemacht wurde, trat sie im Herbst 1933 in den Kölner Karmel ein. Mehrmals hätte sie Gelegenheit gehabt, ins Ausland zu fliehen, doch sie wollte in der Nähe ihres leidenden jüdischen Volkes bleiben. Häufig sprach sie zu Besuchern vom inneren Frieden, den sie im Karmel gefunden hatte.

Edith Stein war ihren Schwestern eine gute Gefährtin. Die Freude ihrer Begegnung mit Gott machte sie fähig, das schwere Schicksal ihres Volkes mitzuleiden, ohne bitter zu werden. Sie wußte, daß sie im Karmel nicht sicher war. Nicht umsonst wählte sie den Ordensnamen: die vom Kreuz Gesegnete – Teresia Benedicta a Cruce. Sie hatte erfahren, welche Kraft das Kreuz denen mitteilt, die es um Christi willen auf sich nehmen. Je dunkler es um sie wurde, desto stärker wußte sie sich geborgen im Licht Gottes.

Nach den Ausschreitungen gegen die Juden in der sog. »Reichskristallnacht«, 1938, wollte sie den Kölner Karmel nicht länger gefährden und nahm die Einladung des Karmels in Echt/Holland gerne an. Hier schrieb sie, nachdem sie bereits in Köln die philosophisch-theologische Studie »Endliches und Ewiges Sein« verfaßt hatte, eine Analyse der mystischen Lehre ihres Ordensvaters Johannes vom Kreuz. Darin lesen wir: »Die bräutliche Vereinigung der Seele mit Gott ist das Ziel, für das sie geschaffen ist, erkauft durch das Kreuz, vollzogen am Kreuz und für alle Ewigkeit mit dem Kreuz besiegelt.«[5] Dies war keine fromme Redensart. Edith Stein lebte jedes ihrer Worte bis zu ihrer eigenen seelischen und körperlichen Kreuzigung. Wir wissen, wie sie in den Tod ging. Ruhig und gefaßt nahm sie bei der Verhaftung in Echt die Hand ihrer Schwester Rosa und sagte im Angesicht der SS-Schergen: »Komm, wir gehen für unser Volk.«[6]

Edith Stein ging in die Verhaftung mit der ganzen Liebe und Opferbereitschaft ihres Herzens. Im Sammellager Westerbork dachte sie an die andern, nicht an sich. Sie half und tröstete. Ein Beamter berichtete, inmitten der grauenhaften Situation sei ein Gespräch mit ihr wie »eine Reise in eine andere Welt« gewesen.[7]

Am 9. August 1942 ist Edith Stein mit ihren jüdischen Brüdern und Schwestern den Vergasungstod gestorben. Aus dieser Vernichtung ist Licht aufgegangen, das allen leuchtet, die es sehen wollen. Edith Steins Leben sagt uns: Gott ist da, er lebt mitten unter uns, er läßt sich erfahren, auch durch alle Untergänge hindurch.

## 2. Hilfen zur Meditation

Da Edith Stein lange Jahre nicht in den Karmel eintreten konnte, der ihr Raum zur Besinnung und Meditation geboten hätte, versuchte sie als berufstätige Frau, sich jene Atempausen in ihrem reichgefüllten Tagewerk zu schaffen, die sie für notwendig hielt. In einem Brief an berufstätige Frauen gab sie einige Anregungen, wie man innerlich still werden kann. Sie schreibt:

»Was wir tun können und müssen, ist... unsere ganze Seele aufnahme- und formungsbereit in Gottes Hände legen. Damit hängt zunächst das Leer- und Stillwerden zusammen. Von Natur aus ist die Seele mannigfach erfüllt: so sehr, daß eins immer das andere verdrängt und in ständiger Bewegung, oft in Sturm und Aufruhr hält. Wenn wir morgens erwachen, wollen sich schon die Pflichten und Sorgen des Tages um uns drängen, falls sie nicht schon die Nachtruhe vertrieben haben. Da steigt die unruhige Frage auf: Wie soll das alles in einem Tag untergebracht werden? Wann werde ich dies, wann jenes tun? Und wie soll ich dies das in Angriff nehmen? Man möchte gehetzt auffahren und losstürmen. Da heißt es, die Zügel in die Hand nehmen und sagen: Gemach! Vor allem darf jetzt gar nichts an mich heran. Meine erste Morgenstunde gehört dem Herrn.«[8]

Der Mensch lebt nicht aus Spontaneität allein. Jeder Psychologe und Pädagoge kann uns zeigen, daß wir Eindrücke, Vorstellungen, Wissen nur in uns aufnehmen, wenn diese Vorgänge sich wiederholen. Das gilt vor allem für personales Tun, für Liebe und Persönlichkeitsreifung. Täglich vollziehen wir, oft ohne es zu merken, die gleichen Handlungen der Hingabe, des Vertrauens, des Einsatzes. Wir geben ein gutes Wort, ein freundliches Lächeln, wir schenken Trost oder kämpfen gegen unsere Unlust, unseren Zorn, unser Rechthabenwollen. Dies alles sind, genau besehen, Einübungen. Gewiß keine, die wir nach Uhrzeit vollziehen. Da wir jedoch dazu neigen, uns leicht zu verausgaben, mehr zu tun als wir können, wäre es notwendig, daß wir doch ein wenig mit der Uhr in der Hand überlegen, wo wir Schweigepausen in unser Tagewerk einfügen können. Oft will uns die Müdigkeit davon abhalten, still zu werden. Wir wollen uns lieber durch irgendeinen Eindruck abreagieren. Zu diesem Zweck sind Atem- und Entspannungsübungen gut, um den müden Körper in die rechte Verfassung, das rechte Hören Gott gegenüber zu bringen.

Edith Stein erklärt, welche Kraft die Feier der Eucharistie gewähren kann, wie sie den Menschen innerlich weit und frei macht, leer von sich selbst, von seinen Sorgen. Stille und Freude, die dem Menschen in der Begegnung mit Gott geschenkt werden, zeigen ihm, daß er nicht aus eigener Kraft wirken kann, sondern daß Gott es ist, der ihn trägt.

Edith Stein beschreibt den Arbeitstag einer Lehrerin, einer Büroangestellten: »Nun beginnt das Tagewerk; vielleicht Schuldienst vier bis fünf Stunden hintereinander. Da heißt es, bei der Sache sein, jede Stunde bei einer anderen Sache. In dieser oder jener Stunde kann man nicht erreichen, was man wollte, vielleicht in keiner. Eigene Müdigkeit, unvorhergesehene Unterbrechungen, Unzulänglichkeit der Kinder, mancherlei Verdrießliches, Empörendes, Beängstigendes. Oder Bürodienst: Verkehr mit unangenehmen Vorgesetzten und Kollegen, unerfüllbare Ansprüche, ungerechte Vorwürfe, menschliche Erbärmlichkeit, vielleicht auch Not der verschiedensten Art. Es kommt die Mittagsstunde. Erschöpft, zerschlagen kommt man nach Hause. Da warten eventuell neue Anfechtungen. Wo ist nun die

Morgenfrische der Seele? Wieder möchte es gären und stürmen: Empörung, Ärger, Reue. Und so viel noch zu tun bis zum Abend! Muß man nicht sofort weiter? Nein, nicht ehe wenigstens für einen Augenblick Stille eingetreten ist.

Jede muß sich selbst kennen oder kennenlernen, um zu wissen, wo und wie sie Ruhe finden kann. Am besten, wenn sie es kann, wieder eine kurze Zeit vor dem Tabernakel alle Sorgen ausschütten. Wer das nicht kann, wer vielleicht auch notwendig etwas körperliche Ruhe braucht, eine Atempause im eigenen Zimmer. Und wenn keinerlei äußere Ruhe zu erreichen ist, wenn man keinen Raum hat, in den man sich zurückziehen kann, wenn unabweisliche Pflichten eine stille Stunde verbieten, dann wenigstens innerlich für einen Augenblick sich gegen alles andere abschließen und zum Herrn flüchten. Er ist ja da und kann uns in einem einzigen Augenblick geben, was wir brauchen. So wird es den Rest des Tages weitergehen, vielleicht in großer Müdigkeit, aber in Frieden. Und wenn die Nacht kommt und der Rückblick zeigt, daß alles Stückwerk war und vieles ungetan geblieben ist, was man vorhatte, wenn so manches tiefe Beschämung und Reue weckt: dann alles nehmen, wie es ist, es in Gottes Hände legen und ihm überlassen. So wird man in ihm ruhen können, wirklich ruhen und den neuen Tag wie ein neues Leben beginnen.«[9]

In diesen Ratschlägen zeigt Edith Stein eine Meditationsmethode, die jeder anwenden kann. Wichtig ist für sie das Leer- und Stillwerden vor Gott. Um dies zu erreichen, muß man Gewalt gebrauchen, d. h. auch ›Nein‹ sagen können zu äußeren Umständen, die uns bedrängen, zu Aufgaben, die auf uns lasten, zu inneren Problemen und Unsicherheiten. Das Befreiende, das die Meditation schenkt, ist, daß wir einmal alles loslassen, nicht mehr um uns selbst kreisen, sondern um einen andern, um ein Gegenüber.

Es gibt Menschen, die psychologisch um die reinigende und befreiende Kraft einer Schweigeübung wissen, einer Konzentration auf das Nichtdenken, auf die Stille. Als Christen üben wir Schweigemeditation, Leerwerden nicht in erster Linie um dieser Seelenhygiene willen, die sicher nützlich ist, sondern um besser zu erfahren, wer Gott ist, was er von uns will, was der Sinn unseres Lebens ist. Wird dadurch unser Inneres frei, elastisch, anpassungsfähig mitten in mancher Bedrängnis, dann nehmen wir diese Frucht der Meditation gern an. Entscheidend ist, daß wir in der Stille lernen, mit einer Person umzugehen. Eine mit andern verbrachte Zeit der Stille, in der wir wissen, wir sind vor Gott und in Gott da, hilft uns oft mehr zu gegenseitigem Verstehen, als wenn wir uns angestrengt hätten, viele Gebete zu sprechen.

Oft sind wir gar nicht fähig, irgend etwas zu Gott zu sagen. Wir sehnen uns einfach nach seiner Nähe, wollen bei ihm sein. Friede durchdringt uns, wir fühlen uns wie neugeboren. Dieser Friede gibt uns Kraft, auch in dunklen Stunden auszuhalten, in denen wir Gott nicht fühlen, vielleicht an seiner Liebe, seiner Existenz zweifeln. Auch in dieser Anfechtung sollte man die stille Meditation nicht aufgeben. Wir beten ja nicht, um von Gott befriedigt zu werden, sondern um ihm etwas zu schenken. Die Erfahrung inneren Friedens bewirkt, daß wir uns hergeben und uns weniger wichtig nehmen. Wir kommen über unsere Fehler und Schwächen, über die Art, wie Menschen uns behandeln – ob mit Achtung oder Verachtung – leichter hinweg. Nicht, weil wir die Dinge nicht ernst nehmen, sondern weil wir in der Stille erfahren, wo die wahren Werte des Lebens liegen.

Zu Beginn werden es vielleicht nur kleine Minuten sein, aus denen dann Viertel- oder Halbestunden werden, in denen wir im Tagesablauf einmal ganz allein mit uns, mit

Gott sein können. Zunächst wird uns dieses Innehalten im Betrieb des Berufslebens schwerfallen. Je mehr wir jedoch diese Pausen bewußt einlegen, je stärker wir auch den Körper, den Atem an dieser Stille teilnehmen lassen, um so vertrauter wird uns diese Übung.

Edith Stein betont, daß jeder den Weg für sich herausfinden muß, der für ihn der geeignete ist. »Es wird eine wesentliche Aufgabe jeder einzelnen sein«, schreibt sie, »zu überlegen, wie sie nach ihrer Veranlagung und ihren jeweiligen Lebensverhältnissen ihren Tages- und Jahresplan gestalten muß, um dem Herrn die Wege zu bereiten. Die äußere Einteilung wird bei jeder anders sein und auch im Laufe der Zeit sich dem Wechsel der Umstände elastisch anpassen müssen. Aber auch die seelische Situation ist bei den verschiedenen Menschen verschieden. Von den Mitteln, die geeignet sind, die Verbindung mit dem Ewigen herzustellen, wachzuhalten oder auch neu zu beleben – Betrachtung, geistliche Lesung, Teilnahme an der Liturgie, an Andachten –, sind nicht alle für jeden und zu allen Zeiten gleich fruchtbar. Die Betrachtung z. B. kann nicht von allen und immer auf die gleiche Weise geübt werden. Es ist wichtig, das jeweils Wirksamste herauszufinden und sich zunutze zu machen.«[10] Edith Stein weist also darauf hin, daß unter verschiedenen Menschen verschiedene Formen des Betens und Meditierens bestehen können und müssen.

Die Heiligen und geistlichen Lehrer betonen, daß mystisches Leben ein Sich-Einlassen ist auf die Nähe des lebendigen Gottes. Gott ist nicht der Alleinwirkende. Er nimmt das Tun des Menschen ernst. Der im Glauben von ihm Ergriffene müht sich unablässig, in Gebet und Meditation der göttlichen Nähe bewußt zu werden. Von diesem Bewußtsein hängt sein inneres Glück ab, seine Identität als Christ. Auch Leiden und Schwierigkeiten können den, der vor Gott verweilt, im letzten nicht verunsichern, sondern werden ihm Weg sein zu seiner eigenen unverwechselbaren Gotteserfahrung.

# Anmerkungen

## Vorwort

[1] Klemens Tilmann, Die Führung zur Meditation, Zürich, Einsiedeln, Köln 1971, 21, 23.
[2] Thomas Merton, Offenheit und Klausur, Dienender Glaube 46 (1970), 10.
[3] D. J. O'Hanlon SJ, Asiatische Mönche entdecken Asien, Tagungsbericht, Geist und Leben 47 (1974), 56.

## Erster Teil:
## Geistliches Leben mitten in der Welt

[1] Vgl. Teresa von Ávila, Die innere Burg, Stuttgart 1966, 212.
[2] Vgl. K. Ware, Schweigen im Gebet. Was »Hesychia« bedeutet, in: Benediktinische Monatsschrift »Erbe und Auftrag« 51 (1975) Heft 6, 433.
[3] Vgl. E. Schillebeeckx, Personale Begegnung mit Gott, Mainz 1964, 52.
[4] Brief vom April 1934 an Mater Petra OSU, zitiert nach: W. Herbstrith, Das wahre Gesicht Edith Steins, Aschaffenburg [6] 1987, 125.
[5] A. de Saint-Exupéry, Der kleine Prinz (zit. nach:) Zürich 1991, 68.
[6] A. Rosenberg, Die Meditation des Schweigens, in: Türen nach innen. Wege zur Meditation, hg. von R. Bleistein, H.-G. Lubkoll und R. Pfützner, München 1974, 113.
[7] Vgl. Teresa von Ávila, Die innere Burg, Stuttgart 1966, 62.
[8] Kosho Uchiyama Roshi, Weg zum Selbst. Zen-Wirklichkeit, Weilheim 1973, 41.

# Zweiter Teil:
## Orientierung an geistlichen Menschen

## I. Teresa von Ávila

[1] W. Herbstrith, Teresa von Ávila. Die erste Kirchenlehrerin, München [4]1981, 102.
[2] AaO., 106.
[3] Ebd.
[4] AaO., 101.
[5] Ebd.
[6] AaO., 108.
[7] G. Papásogli, Teresa von Ávila, Paderborn 1959, 304.
[8] Brief von Mitte Januar 1574, zit. nach: Herbstrith, Anm. 1, 130.
[9] Brief vom 16.7.1574, zit. nach: Herbstrith, Anm. 1, 132.
[10] Brief vom 12.12.1576, zit. nach: Herbstrith, Anm. 1, 137.
[11] Brief vom 28.3.1581, zit. nach: Herbstrith, Anm. 1, 142.
[12] Vgl. Edith Stein, Wege der Gotteserkenntnis. Dionysius der Areopagit, München 1979, 25.
[13] Düsseldorf 1976.
[14] Teresa von Ávila, Die innere Burg, Stuttgart 1966, 22.
[15] Vgl. aaO., 26.
[16] Vgl. Johannes vom Kreuz, Die lebendige Flamme, die Briefe und die kleinen Schriften, Einsiedeln 1964, 90.
[17] Teresa von Ávila, Anm. 14, 26.
[18] Vgl. Theresia von Jesu, Leben, München [3]1960, 108f.
[19] Teresa von Ávila, Anm. 14, 67f.
[20] AaO., 68.
[21] Johannes vom Kreuz, Anm. 16, 49f.
[22] Teresa von Ávila, Anm. 14, 68.
[23] Vgl. A. Rosenberg, Meditationsmethoden in Ost und West, in: Türen nach innen. Wege zur Meditation, hg. von R. Bleistein, H.-G. Lubkoll und R. Pfützner, München 1974, 97.
[24] Teresa von Ávila, Anm. 14, 204f.
[25] AaO., 210.
[26] AaO., 206.
[27] AaO., 209.
[28] AaO., 207.
[29] AaO., 211.
[30] AaO., 211f.
[31] AaO., 214.
[32] AaO., 216f.

## II. Johannes vom Kreuz

1 Johannes vom Kreuz, Die lebendige Flamme, die Briefe und die kleinen Schriften, Einsiedeln 1964, 158.
2 Vgl. J. Sudbrack, Beten ist menschlich, Freiburg i. Br. 1973, 50f.
3 Johannes vom Kreuz, Anm. 1, 87.
4 A. Gerken, Theologie der Eucharistie, München 1973, 66.
5 Johannes vom Kreuz, Anm. 1, 88f.
6 AaO., 89.
7 AaO., 90.
8 Johannes vom Kreuz, Empor den Karmelberg, Einsiedeln 1964, 6.
9 Johannes vom Kreuz, Die lebendige Flamme, die Briefe und die kleinen Schriften, Einsiedeln 1964, 103.
10 Ichirō Okumura, Erwachen zu Gott. Ein japanischer Christ bekennt sich zum Gebet, München ²1981, 29.
11 Theresia von Jesu, Leben, München ³1960, 91.
12 Johannes vom Kreuz, Anm. 1, 136f.
13 AaO., 205.
14 AaO., 329.
15 K. Hemmerle, Christliche Spiritualität in einer pluralistischen Gesellschaft, in: J. Sauer (Hg.), Glaubenserfahrung und Meditation, Freiburg, Basel, Wien 1975, 106.
16 Johannes vom Kreuz, Anm. 1, 134f.
17 AaO., 235.
18 Johannes vom Kreuz, Die dunkle Nacht und die Gedichte, Einsiedeln 1961, 99f.
19 Johannes vom Kreuz, Anm. 2, 94f.
20 Johannes vom Kreuz, Das Lied der Liebe, Einsiedeln 1963, 181f.
21 Johannes vom Kreuz, Anm. 1, 29.
22 AaO., 112.
23 AaO., 124.
24 AaO., 123f.
25 Johannes vom Kreuz, Anm. 8, 22f.
26 AaO., 62 und 74.
27 Johannes vom Kreuz, Anm. 9, 82.
28 AaO., 108f.
29 Johannes vom Kreuz, Anm. 8, 69.
30 Johannes vom Kreuz, Anm. 9, 176.
31 AaO., 127.
32 Johannes vom Kreuz, Anm. 8, 320.
33 AaO., 233.
34 AaO., 71.
35 AaO., 69.
36 AaO., 55 und 57.
37 AaO., 62.

[38] AaO., 236.
[39] Johannes vom Kreuz, Anm. 9, 176 f.
[40] Johannes vom Kreuz, Anm. 8, 25.
[41] AaO., 86 f. und 145.
[42] AaO., 215.
[43] Johannes vom Kreuz, Anm. 9, 19 f.
[44] AaO., 60.
[45] AaO., 122 f.

## III. Edith Stein

[1] Edith Stein, Aus dem Leben einer jüdischen Familie, Edith Steins Werke Bd VII, Vollständige Ausgabe, Louvain–Freiburg i. Br. 1985, 218.
[2] W. Herbstrith, Das wahre Gesicht Edith Steins, Aschaffenburg [6] 1987, 54.
[3] Edith Stein, Beiträge zur philosophischen Begründung der Psychologie und der Geisteswissenschaften: Psychische Kausalität, in: Jahrbuch für Philosophie und phänomenologische Forschung Bd V, (Halle 1922) Tübingen 1970, 43.
[4] Edith Stein, Das Weihnachtsgeheimnis, in: Edith Stein, Wege zur inneren Stille, hg. v. W. Herbstrith, Aschaffenburg [2] 1987, 67.
[5] Edith Stein, Kreuzeswissenschaft. Studie über Joannes a Cruce, Edith Steins Werke Bd I, Louvain–Freiburg i. Br. [3] 1985, 241.
[6] Kölner Selig- und Heiligsprechungsprozeß (Articuli) der Dienerin Gottes Sr. Teresia Benedicta a Cruce (Edith Stein), Köln 1962, 92.
[7] Herbstrith, Anm. 2, 173.
[8] Sr. Teresia Renata de Spiritu Sancto, Edith Stein – eine große Frau unseres Jahrhunderts, Freiburg i. Br. [9] 1963, 84 f.
[9] AaO., 85 f.
[10] AaO., 86.

# Literaturhinweis

Ulrich Dobhan OCD, Teresa von Ávila, Gotteserfahrung und Weg in die Welt, Olten 1979.

Waltraud Herbstrith (Hg.), Gott allein. Teresa von Ávila heute, Freiburg i. Br. 1982.

Dies., Vor Gottes Angesicht. Beten mit Teresa von Ávila, München 1981.

Joseph Kotschner O. Carm, Der Weg zum Quell. Teresa von Ávila 1582–1982, Düsseldorf 1982.

Erika Lorenz (Hg.). Teresa von Ávila: Ich bin ein Weib und obendrein kein gutes, Herderbücherei Bd. 920, Freiburg i. Br. 1982.

Günter Benker, Loslassen können – die Liebe finden. Die Mystik des Johannes vom Kreuz, Mainz 1991.

Johannes Boldt, Johannes vom Kreuz. Sein Leben in Kontemplation und Aktion, Topos Taschenbuch 195, Mainz 1991.

Ulrich Dobhan/Reinhard Körner, Johannes vom Kreuz. Die Biographie, Freiburg 1992.

Dies. (Hg.), Johannes vom Kreuz, Lehrer des neuen Denkens. Sanjuanistik im deutschen Sprachraum, Würzburg 1991.

Elisabeth Hense/Elisabeth Peeters OCD, Johannes vom Kreuz, Verschlungen bin ich in deiner Schönheit, Reihe: »Meister des Glaubens«, Bd. 4, Fribourg/Würzburg 1991.

Waltraud Herbstrith, Johannes vom Kreuz – Bild- und wortloses Verweilen vor Gott in: munen Muso – Ungegenständliche Meditation. Festschrift für Pater Hugo M. Enomiya-Lassalle SJ zum 80. Geburtstag, Mainz [3]1986.

Dies. (Sr. Teresia), Schweigen als Begegnung mit dem Heiligen – unter besonderer Berücksichtigung Teresas von Ávila und Johannes vom Kreuz, in: Das Schweigen und die Religionen, hg. von Raimund Sesterhenn (Schriftenreihe der Kathol. Akademie der Erzdiözese Freiburg), München 1983.

Dies., Wo das Schweigen beginnt. Meditationen zu Texten von Johannes vom Kreuz, Topos Taschenbücher 21, Mainz 1992.

Johannes vom Kreuz, Ihn will ich suchen, den meine Seele liebt (hg. vom Karmel in Mailand), München [2]1988.

Reinhard Körner, Mein sind die Himmel und mein ist die Erde. Geistliches Leben nach Johannes vom Kreuz, Würzburg 1989.

Ders., Mystik – Quell der Vernunft. Die Ratio auf dem Weg der Vereinigung mit Gott bei Johannes vom Kreuz. Erfurter Theologische Studien Bd. 60, Leipzig 1990.

Erika Lorenz, Auf der Jakobsleiter. Der mystische Weg des Johannes vom Kreuz, Freiburg 1991.

Walter Repges, Alles war so voll Geheimnis. Johannes vom Kreuz – Sänger der Hoffnung, Würzburg 1991.

Waltraud Herbstrith (Hg.), Denken im Dialog. Zur Philosophie Edith Steins, Tübingen 1991.

Dies. (Hg.), Erinnere dich – vergiß es nicht. Edith Stein – christlich-jüdische Perspektiven, Annweiler / Essen 1990.

Dies. (Hg.), Edith Stein, Aus der Tiefe leben. Ausgewählte Texte zu Fragen der Zeit, München 1988.

Dies., Edith Stein, Etappen einer leidenschaftlichen Suche nach der Wahrheit, München 1991.

Hugo M. Enomiya-Lassalle, Meditation als Weg zur Gotteserfahrung, Topos Taschenbuch 94, Mainz [2]1986.